青春美文精品集萃丛书·美好童心系列

童心是
发现世界的眼睛

《语文报》编写组　选编

时代文艺出版社

图书在版编目（CIP）数据

童心是发现世界的眼睛 /《语文报》编写组选编. -- 长春：时代文艺出版社，2021.6
（青春美文精品集萃丛书. 美好童心系列）
ISBN 978-7-5387-6770-4

Ⅰ. ①童… Ⅱ. ①语… Ⅲ. ①作文－中小学－选集 Ⅳ. ①H194.5

中国版本图书馆CIP数据核字(2021)第096470号

童心是发现世界的眼睛
TONGXIN SHI FAXIAN SHIJIE DE YANJING

《语文报》编写组　选编

| 出 品 人：陈　琛 |
| 责任编辑：王金弋 |
| 装帧设计：任　奕 |
| 排版制作：隋淑凤 |

出版发行：时代文艺出版社
地　　址：长春市福祉大路5788号　龙腾国际大厦A座15层　（130118）
电　　话：0431-81629751（总编办）　　0431-81629755（发行部）
网　　址：weibo.com/tlapress（官方微博）　　sdwycbsgf.tmall.com（天猫旗舰店）
开　　本：880mm×1230mm　1/32
字　　数：135千字
印　　张：7
印　　刷：三河市嵩川印刷有限公司
版　　次：2021年6月第1版
印　　次：2021年6月第1次印刷
定　　价：36.00元

图书如有印装错误　请寄回印厂调换

编 委 会

主　　编：刘应伦

编　　委：刘应伦　赵　静　李音霞
　　　　　郭　斐　刘瑞霞　王素红
　　　　　金星闪　周　起　华晓隽
　　　　　何发祥　朱晓东　陈　颖
　　　　　段岩霞　刘学强

本册主编：李未彬

Contents 目 录

有你陪伴的路

超越生命的巅峰 / 黄　锦　002
黄羊河的春天 / 李鸿源　004
恋雨 / 梁馨艺　006
有你陪伴的路 / 吴　智　008
让诚信之花永不凋零 / 田　宇　010
书香的浸染 / 陈注锜　013
仰望父亲 / 王云仪　015
老爸戒烟记 / 刘婷婷　017
父亲的背影 / 钟杨薇　020
爸爸在家的日子 / 陆业瑜　022
充满爱的包子 / 王宇韬　024
追逐梦想 / 刘彦君　026
忆乡间 / 杨　佳　028
美丽的误会 / 邓达康　029

书包里的悄悄话

种菜记 / 邬大力 032
写给光 / 胡恒睿 034
小镇的心跳 / 朱晓彤 036
宁波印象 / 阎小霞 038
那是很久以前的事了 / 解绍巍 040
有一份牵挂难以割舍 / 梅潇雨 042
那一刻，我懂了 / 刘颖 044
明早的朝阳依然漂亮 / 姚秋爽 047
书包里的悄悄话 / 乐莉莛 049
听，那沉默的声音 / 顾汀 051
家乡的新路 / 张小乐 054
文学的诱惑 / 张继文 056
温暖 / 黄心怡 058
轻轻推开那扇门 / 石剑宇 060
美丽的南湖广场 / 许明聪 062
将快乐进行到底 / 乐跃峰 064
向阳花开 / 丁行健 066
城市镜像 / 彭涛 068
生命中的那盏纸灯笼 / 苏至文 070
我真的不想迟到 / 杨小童 073

送你一个微笑

水蓝色的美人鱼 / 朱　琪　076
生命物语 / 王金凤　078
幸福，就这么简单 / 刘相杉　081
以爱的名义 / 贾忆倩　083
我发现了你的魅力 / 李博文　086
秋海棠 / 李丽雪　088
地球兄弟 / 郭子源　090
猫咪，谢谢你 / 李一冰　093
倾听自然 / 金雨晴　095
登长城 / 陈雅雯　097
熟悉的地方风景更美 / 范　齐　100
轨迹 / 张伊诺　102
每天进步一点点 / 林　旭　104
送你一个微笑 / 陶湘萌　106
床前明月光 / 张　瑶　108
冬天不再寒冷 / 国瑾怿　110
人生的作业 / 徐志远　112
槐树花在飘香 / 毛　迪　114

微笑面对生活

福利院之行 / 李泓仪	118
我的悔过书 / 董雯雯	120
争渡，怎渡 / 李俊红	122
我在花间彷徨 / 董 刚	124
童年记忆 / 尤彩虹	126
心中盛满欢喜 / 王晨伊	129
蝴蝶选美 / 朱梦琪	131
落在记忆中的画面 / 刘紫欣	133
春草芊芊 / 赵芊梅	135
欢乐谷游记 / 廉思奇	137
雪之歌 / 陈薛强	139
微笑着面对生活 / 刘 丹	141
成长的姿势 / 黄梦凡	144
平凡独美 / 卢师师	146
永远执着的美丽 / 易丹晨	148
人因活着本身而活着 / 鲍春岑	150
衣香·爱香 / 陈 倩	152
信守 / 陈梦娇	155
守望那残缺的美 / 应蒙婷	158

听万物耳语

在海的歌声里 / 陈锡俊　162
我醉心荷 / 刘宇昕　164
"牛"老师与"牛"学生 / 刘英恺　166
妈妈的谎言 / 姚 洁　168
我真走运啊 / 汤文彦　170
苏州乐园，快乐飞翔 / 陈 点　172
未老的情 / 戈雨桐　174
我与寒流面对面 / 白子阳　177
外婆和红袜子 / 胡露洁　179
雪天，那阳光下的绿洲 / 张家伟　181
殊途同归 / 张沁楠　183
听万物耳语 / 赵筱雅　187
写给自己的信 / 陈书仪　189
我的表弟"乖乖男" / 潘泓亦　191
黑幕中的亮光 / 蔺可欣　193
书香 / 臧 索　195
绿豆味的夏天 / 张昱晗　198
宽容 / 曹瑜婧　200
秋天的萤火虫 / 俞心悦　202
聆听四季恋曲 / 陈思雨　205
爱臭美的表姐 / 吴 杭　208
牵起左手 / 刘 圆　210
"钓"蚂蚁 / 李迎港　213

有你陪伴的路

超越生命的巅峰

黄 锦

人生中风雨坎坷从未间断,但不管多猛烈的风雨也总有一天会过去,阳光也会重新照耀大地的。曾经我也在困难面前彷徨过,犹豫过,迷茫过。可在那一刻,我却战胜了自己,真正感受到了阳光的温度。

我很喜欢看一些挑战自我的极限运动,如过山车、蹦极、跳楼机,我也一直向往着亲自去体验一把。这个念头就像一粒种子,悄悄埋进我的大脑,一点一点滋长……

终于有一天,我与妈妈来到了大连,有了体验高空蹦极的机会。

来到高高的蹦极场地,我兴奋得像一只兔子一样蹦蹦跳跳地跑到一边,套上绳索,系好弹簧。可当我走到台子的边缘时,我却犹豫了,向下望,那是一条又宽又长的河流,湍急的河水像咆哮的猛兽飞快地向下游流去。我站得那样高，大连的景物尽收眼底，可我却无心欣赏，双腿有点儿发软，心里打着退堂鼓，后背不住地冒着冷汗。我心里想：都到这儿了，怎么能退缩呢？好不容易才有了这次机会。别人行，你就不行吗？怎么能临阵退缩呢？

于是我决定放手一搏。双手握成拳，深吸一口气，纵身一跳，我便离开了地面，强烈的失重感快速向我袭来，麻醉了我各种行动能力，使我动弹不得。身体像断了翅膀的鸟儿，飞速地下降，我感到风急急地打在脸上，像刀子一样划着我的皮肤。河面离我越来越近，我的心跳越来越快，在双手触到河面的一瞬间，心跳仿佛停止了。绳子到了极限，又把我拽了回去。来回弹落了三四次，终于停止了，从绳索中解脱出来，头晕晕的，身体还残留着失重感，我一下子就瘫软在地上。

那次高空蹦极的体验，让我明白，人生也许就如蹦极一样，总有起起落落，总有风风雨雨，但有些风雨，只能自己体验，有些坎坷，只能自己跨越。但是，走过风雨，我们一定能企及成长的高度，跨越坎坷，我们一定能感受到阳光的温度。只要勇于挑战，我们就一定能收获风雨后的彩虹。超越生命的巅峰，我们就是生活的强者！

黄羊河的春天

李鸿源

"阳春布德泽,万物生光辉。"当人们欣赏着汉乐府佳句时,心中充满了对春天无限的向往之情。

春天,一个放飞理想的季节。

春天,一个充满希望的季节。

春天,令人精神振奋的季节。

春天,带着绚丽色彩的季节。

……

坐落在巍巍祁连山麓,千里河西走廊之滨的我的家乡——黄羊河,在这东风浩荡万象更新之时,究竟怎样呢?

春在天空。太阳的脸红了,空气更湿润了,燕语呢喃,蝴蝶翩跹,麻雀们在欢呼,布谷鸟在歌唱。浓浓的春意弥漫在洁白的云朵间,尤其是孩子们手中的风筝在春风的吹拂下，带着他们的理想摇曳着飘向云霄。孩子们银铃般甜脆的笑声穿梭在浩渺云天。

春在田畴。沉睡的大地沐浴着明媚的阳光，温暖了冬眠的动物。松软的泥土散发着清新的气息，唤醒了休憩的小草，于是大自然出现了一派勃勃生机。俗话说，一年之计在于春，勤劳的家乡人走出家门奔向田野，去播撒蕴含自己美好愿望的种子。你看，一台台崭新的全自动播种机器将纯正饱满的种子埋入肥沃的土壤；你听，那隆隆的机器声像是在演奏着一曲奋斗的交响乐。

春在葡萄园。十八公里的葡萄长廊是我的家乡最富有魅力的景色。为了防御春寒，刚出土的葡萄用棚膜覆盖着，放眼望去，那万亩葡萄像是一片海洋。棚下面一个个嫩绿的新芽正接受着阳光的滋润，贪婪地吮吸着丰富的营养茁壮成长，看着这楚楚动人的葡萄苗，眼前似乎出现了一幅秋天大丰收的图画。

春在校园。天刚亮，随着哨声，迅速集合的同学们呼吸着新鲜的空气，踏着整齐的步伐，开始了早操。当早晨第一缕阳光洒在校园时，婆娑的垂柳下早已坐满了晨读的学生，朗朗的读书声和着清脆的鸟鸣声奏出一曲生命的赞歌。翠绿的教学楼在阳光的照耀下熠熠生辉。"为中华崛起而读书"的红色大字显得更加庄严而灿烂。

黄羊河的春天像一幅壮丽的画卷，多姿多彩，令人目不暇接。更像一杯沁人心脾的葡萄酒，甘甜爽口，回味悠长。

恋 雨

梁馨艺

在我看来，大自然是神奇的，它比魔术师的手更神奇。我爱大自然，更爱大自然中的雨。

天空中下起了蒙蒙小雨。那雨看起来十分柔和，即使在灰色的背景下，它依旧十分温顺。窗户上留下了它来过的印迹，一丝一丝，就好像在画素描，把窗外的景色都画在窗户上。

雨渐渐地大了，它掉在雨棚上，掉在树叶上，就像是一首舒缓的协奏曲，有规律地演奏着。它是大自然中最棒的指挥家。屋檐上、晾衣竿上的雨珠争先恐后地落下来，树叶上的雨珠压低了树叶，又不小心掉进了泥土里；雨水也不像之前那样一丝一丝的，而是大得像下冰雹，打在窗户上，把原先的那幅画从素描变成了油画；那舒缓的协奏曲好像刹那间变成了摇滚乐。

雨渐渐地停了,雨后的空气很清新,雨后的世界就像是另一个世界,一切都是新的。

我爱雨,我爱素描,我爱协奏曲,我爱摇滚乐!

有你陪伴的路

吴 智

浓密的树冠在风中摇曳出柔和的姿态，层叠的叶片筛下干净的阳光，在湿润的小路上投下斑驳的亮点，向外扩散开一圈又一圈朦胧的光晕。扑面而来的气息，清新。你的大手握住我的小手，温暖。有你陪伴的路，好美。

那条长长的路，你陪我走过。

隔着朦胧的雨雾，望着打着伞的你，我抓紧书包带跑去。你一把搂住我，用温热的大手捏捏我的肩头，急促地说："怎么不带伞？都淋湿了，别感冒了。"

我望着一脸担忧的你，摇摇头，说："不会的……爸，我饿了。"

你咧开嘴欢喜地笑了一下，说："我已经做好饭了，回家就吃。"我抿着嘴轻轻笑了一下。

"对了，你知道豆和包子打架是什么吗？"

"豆沙包，早就知道了。"

"咦？你怎么知道啊？哈哈哈！"

漫长的路上，只有你爽朗的笑声伴着我，只有你温暖的大手牵着我。

那段拼搏的日子，你陪我挺过。

明亮的光洒在白森森的试卷上反射出刺眼的光芒，我丢下笔靠在椅背上用手捏住发皱的眉心，你打开门，轻轻走到我身边，放了一杯热牛奶在桌上，拍拍我的头，"累吗？休息一下，别把自己弄得太紧张，考试不算什么，爸爸相信你！"

"嗯。"我望着杯子上的雾气轻轻笑了一下。你捏捏我的耳朵，然后"啪"的朝我敬个礼，有模有样地说："有困难，找你爸，一个呼喊，马上到。"我"扑"的一声笑出来，看着你傻傻的像个大孩子一样，眼里闪烁着星辰的光芒。

做着成堆的练习题，有你温柔的话语，有你关切的眼神，有你陪我奋斗，爸，我不累。

感谢有你，陪伴我每一个日日夜夜，感谢有你，陪伴我经历每一次快乐悲伤。你见证了我十五年的成长，包容了我不时的任性叛逆。请相信女儿此刻在没有你陪伴的考场，一定会好好的，认真地考试。在不久的将来，我一定会自豪地对你说："怎么样？没给你丢脸吧。"

我走过的路，感谢有你的陪伴。

让诚信之花永不凋零

田 宇

不知您是否听过这样一个故事：一个叫孟信的人，家里很穷，无米下锅，只有一头病牛。一天，他外出，他的侄子将牛牵到集市上卖了。孟信回来后非常生气，责备侄子不该把病牛卖给人家，并亲自找到买主将钱如数退还，牵回了自家的病牛。也许有人会说孟信傻，可您是否觉得他傻得善良、傻得可爱？透过历史的烟尘，我们清楚地看到孟信手中紧紧牵住的绝不是一头生病的牛，而是一条健康与高尚的诚信纤绳，它将一个人的人品、修养引入了纯洁的圣地。

诚信，就是要诚实、守信。它如一束芬芳玫瑰，有了它，生活就有了芬芳；有了它，人生就有了追求！它既是中华民族的传统美德，也是我们每个人应该做到的最起码的道德标准。

翻开中华民族五千年厚重的文明史就会发现，诚信的故事俯拾即是。商鞅立木取信，获得百姓信任，从而推行了新法；曳骈不负信，获得世人尊敬；季札挂剑了却徐国国君的心愿，传为千古佳话。同时，我们也看到，商纣失诚信，加速了国家的灭亡；楚怀王失信，不但亡了国，还使一代贤臣饮恨汨罗江……故我们不但看过讴歌诚实鞭打无信的故事，我们还传颂着"宁可穷而有志，不可富而失节"之类的民间谚语。不难理解，拥有诚信，一根小小的火柴，可以燃亮一片心空；拥有诚信，一片小小的绿叶，可以倾倒一个季节；拥有诚信，一朵小小的浪花，可以飞溅起整个海洋。

诚信是做人之本、立事之根。然而，近年来，商品经济风起云涌，道德沦丧如决堤之水，诚信缺失也就随之泛滥成灾。有些人为了一己私利，弃诚信于脑后，造假、贩假，欺上瞒下，蒙混拐骗，举债不还……然而，不可否认，诚信永远像一朵不凋零的鲜花，它的芬芳宜人，它的高雅迷人，一直吸引着高贵的灵魂向它靠拢。彩票店主赵书兵替客户垫资一千零二十四元，结果中了五百万的大奖。中奖后，赵书兵主动联系该客户，将中奖彩票如约送还。这五百万大奖投射出的诚信之光不正如星光般耀眼璀璨，普照华夏大地吗？

"重诺守信，人必近之。"诚实待人，付出的是真诚，收获的是友谊；诚信立世，付出的是信任，赢取的是尊重。同学们，从自己做起，从小事做起。哪怕是一次小小的抄袭作业，一次小小的撒谎，都要嗤之以鼻，引以为耻。让我们身披一袭灿烂，心系一份执着，带着诚信上路，笑看诚信之花处处绽放！

书香的浸染

陈泩锜

每一本优秀的书都为我开启了一扇智慧之门，每一扇门后都有一位智者在等候我的来访。读书能使一个人的灵魂从空虚孤寂走向充实和纯净。

读《西游记》，我认识了孙悟空，知道了一个真正英雄的成长并不是一帆风顺的。"不经一番寒彻骨，哪得梅花扑鼻香。"他具有锄强扶弱、打抱不平的英雄本色：疾恶如仇、敢于斗争、有识、有胆、有才。他扫荡妖魔鬼怪不只是为了保护唐僧取经，也是为民除害。

读《三国演义》，我结识了"宁可我负天下人，不可天下人负我"的曹操。曹操是一代枭雄，生性多疑。曹操军纪严明，为了执行军令，他"割发代首"；他也是一个豪情万丈的大诗人，写出了"老骥伏枥，志在千里"等不朽诗句。

读《水浒传》，我熟识了智多星吴用。吴用为晁盖献计，智取生辰纲，用药酒麻倒了青面兽杨志……他足智多谋，结交广泛，知人善用，具有政治家的远见卓识，运筹帷幄之中，决胜千里之外。可惜的是，虽有智谋，但未遇良主！

我在领略中华文化魅力的同时，也欣赏国外作家笔下优秀的文学作品。在《简·爱》中我看到了坚强；在《卡门》中我认识到自由；含泪读完《三岁的小鹿》，我明白了成长的残酷；笑着合上《绿山墙的安妮》，我和她一起品味成长的快乐；走近马克·吐温，幽默和辛辣的语言让我成熟；走近杰克·伦敦，我了解了人性和兽性的纷争；走近约瑟夫·海勒，我读出了扭曲与荒诞……

书就是我的天堂，是我最好的朋友。书引领着我前行。书犹如一片铺路石带我走进知识的殿堂，书犹如一座灯塔为我指明方向。

仰望父亲

王云仪

雾散，梦醒，我终于看见迷雾中的身影，那样熟悉……

慢慢地，走近他，伸出双手想拽住他的衣角却怎么也触不到。我看见那双浑浊布满血丝的眼睛，我看见那双青筋暴露的手，我看见那双沾满灰尘的皮鞋。我只能喊着最熟悉的两个字：父亲。

梦里，父亲依旧是一脸严肃，依旧不善言辞。我用双手轻轻拨弄着他的头发，可是我不知，那如同黑墨染就的发丝，何时已添上些许白色？

梦里，父亲的训斥依旧那样严厉，面对我所犯的错误，他总是无法忍住心中的怒火却不得不原谅，最终只能留下一个无奈的眼神或是一声疲倦的叹息……

梦里，父亲躺在病床上，四周一片雪白，如同他的面色，窗外是大片大片凋零的樱花，仿佛铺满了整个世界。一片花瓣随着风飘到父亲的床边，如折翼的蝴蝶轻轻地落在白得发亮的地板上，我看着父亲，看着那片花瓣，忽而便泪流满面……

或许，是我吧，是我在他的眼角刻下了深深的烙印，是我染白了他的头发，是我将他的眼圈抹黑，是我让他感到生活劳累，一切原来都是我啊！

难道，是我所有的悲痛压弯了他的脊梁？是我全部的任性润湿了他的眼眶？是我的成长换走了他的健康？是我吗？是我呀！

我常常嘲笑父亲总听那些在我看来老土落伍的歌，却又在某个夜深人静之时轻轻哼唱，我知道这些歌就如同一个安全的海港，让父亲那颗漂泊在海浪尖端的心得以停靠。

当青山已老，天地成荒，我仍然会在彼岸仰望父亲，愿他平安、健康……

老爸戒烟记

刘婷婷

"瞧,又开始抽了,把这屋子熏得乌烟瘴气的,呛死人了。你看你这几天咳嗽的样子,你不担心,我还担心呢。"

唉!听见老妈苦口婆心的劝导了吧!老爸又开始抽烟了,他这人对别的东西兴趣没多少,只对香烟情有独钟。那香烟一燃,嘴一抿,眯着双眼,自己舒服了,可我和老妈却遭殃了,捂着鼻子到处跑。

时间一久,我和妈妈便再也忍不住了,于是,老妈和我都设计了自己的战略方案。老妈采取的是苦口婆心法,结果,不但不起作用,老爸还嫌她烦。老妈一张口,老爸就连连摆手,"不要说了,不要说了,我都知道,吸烟对身体有害,可实在克制不住啊!"老爸这样一说,老妈也往往就没话说了,只好败下阵来。

看着这情形,我只好亲自上阵了。我在家里翻箱倒柜,把老爸的"宝贝"全搜了出来。挑选几根烟,并在每根烟里面塞上几根火柴,然后"静观其变"。老爸下班一进家门,我装模作样地在客厅里写作业,偷偷地瞅着他,只见老爸不慌不忙地拿出一根烟,动作娴熟地点燃后,就迫不及待地先吸了一口,然后弹掉烟灰。可火柴偏偏在他弹烟灰的时候"哧"的一声点燃了,老爸还没来得及吸第二口,就看着自己的"宝贝"被火光吞噬了。聪明的老爸识破了我的招数,把所有的烟都检查一遍,拔除"隐患"后把香烟往怀里一揣,故意不看我,仰着头吹着口哨得意地走了,真是气死人了!

后来,我又想了一些计谋,比如,故意让他的烟"回潮"呀,抽去他一半的烟丝呀,往他的烟上涂抹风油精呀,让他的烟失踪呀……可是,计计都被他轻易地化解了。

哎!计计不成,只得使出最后一计——苦肉计了!可我还没来得及伪装,就因夜里着凉真的感冒了。我嗓子疼得不得了,更不能闻烟味了,每当老爸一抽,我就咳得直不起腰,老爸看我真的咳嗽了,抽的次数还真减少了。这时,老妈不知从哪里弄来了"二手烟对儿童危害"的资料让老爸看,这可比别的计策管用多了,当天晚上,老爸果真没抽烟了。

后来的日子,老爸的抽烟次数明显地减少了,即使是偶尔地抽，他也会跑到外面去。看来，老爸真开始戒烟喽！

为了宝贝女儿，顽固不化的烟民老爸竟然戒烟了，这让我情不自禁地大喊："老爸万岁！"

父亲的背影

钟杨薇

　　在我的脑海里，几乎什么都是模糊的，唯有父亲留给我的背影是再清晰不过了。

　　还记得那个周日下午，因为在城里上学借宿，父亲不放心我一个人坐长途车，就送我来了。当时行李很多，父亲便帮我提着。到学校后，父亲走在前头，我跟随其后，盯着父亲的背影，猛然发觉，一向高大的父亲，竟不知何时背有点儿驼了，头上多了许多银丝的"点缀"。父亲走路已不如从前般健步如飞了，蹒跚的模样让我唏嘘。父亲在舍楼门前放下行李，悄悄用手按了一下左肩头，然后又迅速放下手，跟没事人一样，这细微的动作还是被我捕捉到了。我讶然了，父亲在我心中一向力气很大，提起东西来丝毫不觉费力的，这次，怎么肩酸了呢？我从不曾关注过父亲的背，在我小小的心灵中，父亲的背是宽大浑厚的，能扛起天。可到此刻我才终于明白，原来父亲因为操劳过度，已经开始变老了。父亲为了让我过上更好的生活，读上最好的学校，努力地工作挣钱，但我却一直不懂得珍惜父亲的点滴付出，想到这些，我再也忍不住，潸然泪下。

父亲的背影一直留在我脑海里，依旧是那样的亲切，那样的熟悉。从小到大，父亲的臂弯是我的安全港，父亲的背影总能在我失意时给予我信心。当我遇到挫折时，父亲鼓励我的话总是在我脑海里回荡："别怕，囡囡，遇到挫折时，别气馁，爸爸一直都会在你身边，不管遇到什么事，爸爸都会一直做你坚强的后盾！"在外求学的日子里，无论处境多么艰难，只要想起父亲那高大厚实的背影及鼓励的话语，我就觉得很踏实，更不能辜负他对我的期望。因此我总是快快乐乐，成功了不得意忘形，失败了不一蹶不振，时刻以一颗平常心对待成功与失败。

父亲那高大而厚实的身影，如同一盏不灭的指路明灯，指引我以后的路该怎么走。每每想起父亲的背影，我便能学会积极地调整自己的步伐，潇洒地走向自己的目标，赢得起，也输得起，做生活的强者！

望着父亲那渐渐远去的熟悉而又亲切的背影，一种特殊的情感顿时涌上我的心头。父亲那纯朴的思念，那温馨的叮嘱，那真挚的亲情，已牢牢定格在我记忆深处。

爸爸在家的日子

陆业瑜

爸爸是一名瓦匠，长期在外打工。房子里只剩下我和妈妈两个人，而我又常常在学校上学，家里冷清极了。

今天爸爸回来了，我也放假了，我们一家难得团聚，所以大家特别高兴。妈妈特意烧了一锅排骨汤，屋子里充满了排骨的香味，流淌着一种节日的气氛。

吃饭了，爸爸斟了满满一大杯酒，我和妈妈也盛了饭，我们边吃边聊起来。

爸爸亲切地问我："我不在家的时候，家里怎么样？哦，对了，你学习怎么样？考得怎么样？"

"爸爸，你怎么这么多问题？"我笑着说，"学习还可以，还没有考试呢。"

妈妈对我说："那是你爸爸关心你，考试一定要考好，别让爸爸失望哦！"

"嗯！"我点点头。随后，我把汤内的两块最大的排骨一个送给爸爸，一个送给妈妈。

爸爸妈妈都很高兴，笑着对我说："你自己吃吧，锅内还有呢。"

"这怎么行呢？你们为了我那样劳累，这两块排骨你们一定要吃掉哟。"

爸爸妈妈见我态度坚决，只好把它们吃了。这时候，我提议说："不如我们来玩成语接龙的游戏吧？""好啊好啊，我先来！狐假虎威。"爸爸抢着说。

"威风凛凛。"妈妈也不甘示弱。

"凛……凛……琳琅满目！"我一时说不出来，只好胡乱说了一个。

"错错！"爸爸笑了，"凛和琳不一样，亏你还是一个中学生呢！哈哈——"我和妈妈也笑了，这笑声传得很远很远。

爸爸在家的日子多么温馨，我真希望这一刻永远停驻。

充满爱的包子

王宇韬

班上有个"心声台",就是让大家轮流向全班同学倾吐心声。今天轮到我的同桌倾吐心声。我的这位同桌是本学期借读过来的,一个很淳朴的女生。

"大家好,我最近很烦恼,我的父母是来自乡下的农民工,最近他们用辛苦赚来的一点儿钱开了一家早餐店,虽然我们家的包子大,馅多,口味好,价钱比别人家还便宜一毛,可就是卖得不好。父母整日唉声叹气的,弄得我也整天没有好心情。同学们能帮我想想办法吗?这问题到底出在哪里呢?"

看在和她同桌的情分上,我决定帮帮她。怎么帮呢?我和几个好朋友商量,可大家一时都想不出好办法,总不能我们天天去把她家的包子全包下来吧。

还是"机灵鬼"的脑子转得快,说:"要不,我们带个相机去,把她父母做包子、卖包子的过程以及店里的摆设什么的,全录下来,去找我的一位远房亲戚取经,他家在火车站附近开了一家早餐店,生意好得很呢。"

说干就干。星期日天刚刚亮,我们就来到了同桌家的早餐店里,开始了紧张的拍摄,弄得同桌父母格外紧张,也格外卖力。临走前,我们买了十几个包子,准备让"机灵鬼"的远房亲戚进行实物鉴定。同学的父母说什么也不肯收钱,我们丢下钱就跑。

来到"机灵鬼"远房亲戚的店里,说明来意后,他先是拿起一个包子仔细看了看,闻了闻,然后大口地吃了起来,连称味道不错。我们便问他为什么这么好的包子却卖不出去,他说这会儿正忙,等下午看看我们的录像再说。

下午,我们再次来到"机灵鬼"远房亲戚的店里,陪他一起看录像。看着看着,这位远房亲戚一拍大腿,说找到问题了,原因是我同桌的父母做包子和卖包子时都没有戴口罩,没有穿白大褂,给客人取包子时是直接用手拿,让人觉得很不卫生……

我们把辛苦"调研"来的结果通报给了同桌,她让父母立即进行了"整改",购买了洁白的工作服,戴上了洁白的口罩,用上了一次性手套……你别说,这一招还真灵,小店的生意竟渐渐红火了起来。

一点儿小小的改变,拯救了一个早餐店,也让我们更加懂得了"细节决定成败"这个道理。

追逐梦想

刘彦君

那是一个很古老的故事。在那沙滩上,一阵潮水退去,留下了很多贝壳。它们拥有一个共同的梦想——孕育珍珠。于是,贝壳们把一粒粒沙放进了身体。它们期待着,期待那圆滑的珍珠发出无瑕的光芒,不管有多疼!孕育的过程是如此漫长、折磨,动摇了它们当初的决心,很多贝壳都选择了放弃。只有一个贝壳还在坚持着,终于,在一个春暖花开的日子里,一颗白得刺眼的珍珠诞生了,发出了耀眼的光芒。它做到了,那小小的贝壳做到了,它实现了自己的梦想,尽管追逐的路途很遥远……

几乎每个人都曾有过美丽绚烂的梦想,但在我们身边,又有多少人实现了自己的梦想呢?有多少人能像那贝壳一样呢?许多人宁愿折上一千只一万只纸鹤,在充满诱惑的黑夜去寻找那罕见的流星,默默许愿,希望自己的愿望在某个星光璀璨的夜晚实现，也不愿努力追逐梦想，用坚持不懈的行动去实现自己的愿望。

　　灯光的灿烂在于黑夜的衬托，花儿的美丽在于绿叶的点缀，梦想的实现在于我们的追逐。追逐梦想，才能在漫漫黑夜后看到希望的曙光；追逐梦想，才能在无垠原野中寻觅到独有的清香；追逐梦想，才能在一望无际的沙漠里找到甘甜的泉水；追逐梦想，才能在海市蜃楼过后迎来崭新的天地。

　　勇敢地追逐梦想吧！即使你只是一朵平凡的花儿，只要不断努力，终会拥有一片花园；即使你只是一株纤弱的树苗，只要坚韧不拔，终会成为参天大树；即使你只是一条涓涓的小溪，只要锲而不舍，终会拥抱大海！

　　美妙的歌声响起："脚下的路，还有更多的累，追逐梦想，总是百转千回，无怨无悔，从容面对，思绪飘飞，带着梦想去追……"

忆乡间

杨 佳

在夕阳的怀里,那河坝边是童年最令人怀念的一道风景线。带着树木晨露的味道,脚步踢过水涧,纷纷扬扬,笑语欢颜中撞击着童年回忆,流逝的时光,依旧鲜活……

那是一片参差不齐的绿草地,在潺潺小溪的伴奏下,在夕阳的怀抱里,也显得非常可爱。我喜欢走在乡间的泥巴路上,喜欢和姐姐排成一字在夕阳下奔跑,我们使出全身的力量勇敢地跑向前方;我们在草丛里挖坑,用杂草把它们捂得严严实实的。没有想到的是我们反而在寻找新的目标的时候掉进了自己设计的陷阱里。我们在一起笑成一团,像群没组织没纪律的小疯子。袅袅炊烟升起的时候,我们要回家了。每次回家我们都要去小溪边洗脸,然后我们面朝太阳的方向,让温暖的阳光把我们脸上的水珠吸收了,肆意地让这种快乐弥漫在空气中的每一处。那是多么令人怀念的童年时光啊。

美丽的误会

邓达康

窗外狂风大作，乌云密布。我昏昏沉沉地走进教室，沙哑着嗓音对同学们说："孩子们，老师今天有点儿不舒服，上课的时候请大家表现好一点儿。"

教室里顿时鸦雀无声，一双双眼睛齐刷刷地望着我。我满意地点了点头，开始讲课。突然，我发现平日比较调皮的小虎有点儿心不在焉，右手伸进书包里不知摸索着什么。这个小虎，真是太管不住自己了。我停止讲课，走下讲台朝小虎走去。小虎意识到我正注意他，连忙把手缩了回来坐端正，脸也不由自主地红了起来。

见小虎安静下来，我又开始讲课。一分钟、两分钟……五分钟还不到，小虎的毛病又犯了，他的屁股左摇右晃的，好像浑身痒痒不舒服，忍不住又将右手伸进书包摸索起来。我狠狠地瞪了小虎一眼，心里很不高兴：这个孩子真是太不懂事，明知老师带病上课，居然一点儿也不领情。我正准备叫他，他已抬头发现了我，又赶紧坐好了，我便没有再追究。

谁知，还没过两分钟，当我在黑板上写字时，从眼角的余光中，我发现小虎居然双手伸进书包，迅速从里面掏出一个盒状的东西，放进了上衣的口袋。这次，我再也忍不住了，眼睛瞪得比铜铃还大，连眉毛都快烧起来了：老虎不发威，你真当我是病猫啊。我紧紧地盯着小虎，眼里射出无数的愤怒，"站后面去！下课再找你算账！"小虎怯生生地站了起来，缓缓地走到教室后面，右手却死死地护着上衣口袋。

"丁零零——"下课了，我把小虎拉到办公室，厉声喝道："怎么回事？老实说！""我——我——"小虎的脸霎时成了猪肝色，他犹豫着掏出口袋里的东西递给我："老师，这是我舅舅给我买的薄荷清凉糖，能够清咽利喉，滋润嗓子。您试试吧，或许能让您的嗓子好受些。"

我一下子愣住了，双手颤抖着接过小虎的薄荷糖，"对不起，孩子……老师误会你了。谢谢……"我的眼眶湿润了，只感觉一股暖流涌遍全身。

书包里的悄悄话

种 菜 记

邬大力

我家后院非常大，有很多块菜地，其中靠近自来水龙头的那一块是我的。起先，我对种菜根本没有兴趣，是父母看我学习"太累"，需要调节调节而硬塞给我一块菜地，他们说现在放松的最好方式就是跟着他们学习种菜。

父母的硬性规定，我不好违抗，只好硬着头皮跟着他们打理。还好这块菜地不大，爸爸指挥着我种地，说翻土我就翻土，东一锄头西一锄头，地似乎翻过了，但很多地方没有翻透。我看到父母所种的地，是寸寸土都翻了个遍。该种小白菜了，他们教我如何种，并且向我示范。可当他们一转身，我就迅速地将菜苗胡乱地埋入土中。该浇水了，父母拿着漏斗壶，像下毛毛小雨一样地温柔浇灌，而我则就近打开水龙头，哗啦哗啦射向菜苗，将它们冲击得东倒西歪。

父母种的小白菜绿油油的，长势喜人；而我种的小白菜却死的死，蔫的蔫，即使活的，也是东倒西歪。

父亲说："大力，你知道我们为什么坚持要你种菜吗？为什么一直没有纠正你的错误做法呢？那就是让你看看事实，看看结果。事实胜于雄辩，结果说明一切。你松土时未松透，栽苗时未栽正，而浇灌时没有耐心……这样，菜苗能长好吗？你没有按照科学合理的种植步骤做，植物能够茁壮成长吗？还有一条更重要，你的态度自始至终都没有端正。"

母亲在一旁也开腔了，"力儿，你爸说得一点儿没错。我们不是真正要你种出什么好菜来，也不是指望你将来能成为种菜能手，而是要你明白，学习和种菜是一个道理。你胡乱地对待土地，土地也就胡乱地对待你。"

那一刻，我明白了爸爸妈妈的用意。我不应该以散漫的态度对待那块菜地。第二年，我变得认真耐心了，终于种出了可以和父母种的菜相媲美的小白菜。我似乎也变成了菜地里的绿油油的小白菜，父母眼中的小白菜。

写给光

胡恒睿

地面上的黑暗开始土崩瓦解,他们倒戈奔逃,争先恐后地躲入阳光暂时无法触及的地方。东边的天际,太阳奋力挥舞着他的剑,须臾,天地间便亮了起来。清晨的阳光拥抱着人间的万物,仿佛是六翼的天使,正弯下腰,轻吻人间的一切。在六百分钟的黑暗后,我看到了阳光。

一切亮堂了起来,人、楼和车,都是亮的,温暖的,柔和的。在这个时间,一切都是柔和的,一切都是淡雅的,一切都是清新的。不像先前的黑夜,漆黑一片,黑暗笼罩着黑暗,黑暗包裹着黑暗。也不像刚才的拂晓,那么激动,那么兴奋,那么欣喜若狂。我们期待与光共舞,我们渴望与光齐肩。我们满怀希望,我们自信满满。我们将会坚定地走下去。

在阴影处,还残存着一丝黑暗的影子,他们咒骂,他们怨恨，他们挥舞着刀枪剑戟，他们露出了獠牙利齿。可是，我们已经不再惧怕。我们迎着光，躲开掷过来的刀剑，抵挡迎上来的齿爪，我们坚持将光明折射进黑暗的墙角。

光越聚愈多，越聚越亮，我们努力把光聚集在一起，把我们心中的光，聚集在一起，建起一座座高楼，一幢幢大厦。我们用我们心里的光，绘出一条条彩虹，一片片朝霞。我们和光一起构成了这个时代，一个处于早晨的时代。

正如这里的朝阳一样，我们的时代，美丽，淡雅，又充满活力与生机。

小镇的心跳

朱晓彤

妈妈说,她小时候放学了,月朗星稀之时才能回到家。我问妈妈:"为什么会这么晚?"妈妈说:"当时路边的野花多,我们又贪玩,几个人玩耍着就回去晚了。"我看着妈妈眼角的笑意,如孩童一般。

这,便是小镇最初的心跳。

在我的乳牙全部脱落之后,我家搬到了新的房子,记忆也逐渐清晰起来。

小镇似乎是慢慢改变了。有一天,我们镇上最大的商场被灰色的、宽大的帷幕围了起来。我问爸爸:"要建什么?"爸爸说:"要扩建,建一个购物广场。"

我听见了小镇强有力的心跳。

那天晚上,和姥爷一起吃晚餐,不知为何又谈到了小镇的变迁。

"真是变了一个模样啊!从前下雨的时候根本无法出门,小巷的路都成小溪流了,还得大人背着孩子送到宽阔的路边,才能上学去。现在建设得多好啊……孩子,要珍惜现在的生活啊。"

老人是时光的见证者,他们聆听着小镇稳健的心跳。

我问爸爸:"这就是属于我的时代吗?"爸爸说:"是的,但是我们在享受美好生活的同时,还要为生活付出很多。要努力,尽自己的力量。"

我相信,有一天,我能听见小镇更强劲而又有力的心跳。

宁波印象

阎小霞

怎么打量这个时代,不妨从城市看起。

我父母长期在宁波打工,今年暑假,我和弟弟一起去了趟宁波。

刚到宁波,真让我大开眼界。四周耸立着高楼大厦,行人、车辆挤挤挨挨,填满了大街小巷。沿街看去,卖小吃的,卖衣服的,卖海鲜的,应有尽有。宁波最出名就是海鲜,鱼、虾、贝、蟹,无所不有。车辆的喇叭声、商贩的叫卖声、闲谈声,夹杂着一阵阵流行音乐声,充斥着大街小巷。小车塞满了马路,偶有脚踏车轻巧驶过。

来到公园,小孩儿们在荡着秋千,老人在做健身运动,大一点儿的孩子躺在草坪上看书,这一切都是惬意的。

人们都很注意环保,一眼望去几乎看不到什么垃圾。

地上偶有果皮纸屑，人们都会自觉地拾起来，悄悄地放进垃圾桶里。无论走进哪个商店，店主都会对顾客表示亲切的问候。街头偶有乞讨的人，过路人都会慷慨地施舍。人与人之间多么和谐友善。

穿过一条条街道，快到家了，我幻想着妈妈住在一个华丽的高楼里。但眼前的一幕，使我目瞪口呆。呈现在我眼前的是一座座矮矮的小平房。繁华的城市中竟有这样的地方，我心酸了。父母在屋外搭着一个小棚，那算是厨房。家家都在吃饭了，飘来一阵阵米饭香……

我想，那些高大的楼房都来自这些朴实勤劳的农民工，是他们，来自各地像我父母一样的农民工，用双手堆砌了城市的繁荣，装扮着城市的美丽。

那是很久以前的事了

解绍巍

还记得,那是很久以前的事了。

天刚亮,我沿着从远方雪山流下的雪水汇成的小河慢踱于石板小道。蒙蒙的雨下着,滴落在被晨光笼罩的小镇上,洒落在屋瓦上、小河里、我的心上。胡琴远远地在空中响起,夹杂着雨声,如丝般细腻,若诗般朦胧,为小镇罩上了一层薄纱。

还记得,那是很久以前的事了。

淅淅沥沥的雨来到了小镇深处,水草缓缓地随着胡琴声在河里招摇。一块斑驳的牌子上有依稀可辨的"杂货铺"几个字。我走了进去,店主只是看了我一眼,就又将头埋回泛黄的书页之中。我转身突然看到一条黄犬,懒懒地盯着我,尾巴在地上来回"噗噗"地扫着。穿过摆满手工艺品的架台,几条围巾稀疏地挂在后面。随便拾起一条，围在脖子上，便觉得欢喜得很。店主依然将头埋在书里，只是指了指标价。待我将围巾买下之后，他认真地包好，将我送出小店。远远地回过头，只见他又将头埋回了书里，那只黄犬依然躺在那儿，尾巴依旧来回扫着地。一缕光罩在了远山的峰顶，整个小镇还在沉睡之中。

前些日子看到小镇上了新闻，那里早已人满为患，店主们个个面带春风般的微笑注视着来客，早已顾不上桌上那些布满灰尘的书了。只有那远方的雪山还伫立在那儿，俯视着这座醒来的小镇。它叹了口气，继续伫立着。

脖子上依然围着那条围巾，我突然很想回到那座还在熟睡中的小镇，想去看看那家小店，想去听听那胡琴，想逗逗那只黄狗。我突然很害怕，它们会不会也醒了呢？

有一份牵挂难以割舍

梅潇雨

牵挂，是远方亲友寄来的一封问候信；牵挂，是漂泊在外的游子给老家母亲的一个温情电话；牵挂，是外出旅游时给朋友带来的一份小小的礼物……

家乡的小路是我的牵挂，闲暇时我总喜欢漫步在乡村曲折的小径上，双脚踏在还带有些许露珠的野草上，会顿时感到全身清凉，猛吸一口空气，好清新。小径旁的野花争相开放，一朵朵，一簇簇，紧紧地挨在一起，微风轻轻地吹过，它们便在其中妖媚地扭扭腰肢。太阳渐渐地升高了，照得大地处处温馨。几个小女孩儿在路旁嬉戏，看着她们天真快乐的笑脸，我真希望自己也回到童年。远处跑来一个手捧鲜花的小女孩儿，带着羞涩的微笑又向远方跑去。身旁，时不时还会有老式单车骑过，尽管车已经骑远了，但它们那特有的咔咔声却依旧在耳畔回响。时间渐渐消逝，远方的几户人家烟囱里缓缓地升起了缕缕炊烟，乡村的美景让我想起了陶渊明的诗句"暧暧远人村，依依墟里烟""狗吠深巷中，鸡鸣桑树颠"……乡下不就是我心中的桃花源吗？我想奶奶也一定在做着我爱吃的美味呢！

这里随处可见在田间劳作的朴实的人们。他们是田野里一道亮丽的风景线。他们并不富裕，生活也没有城里人那样丰富多彩，但他们似乎总能自得其乐。每天，田野里都会回荡着他们爽朗的笑声，他们经常攀谈着各自的收成，谈着乡邻间的琐事，谈着自己在外的儿女……他们总是那样的纯朴乐观。我真想告诉所有的人，他们是怎样拥有一笔永远也用不完的精神财富……

　　乡村的景，乡村的人，永远都是我心中那一份割舍不掉的牵挂……

那一刻，我懂了

刘 颖

秋游的时候若下着雨，恐怕会有些扫兴。若秋游的时候心情正好，雨却愈下愈大，打落在伞上、地上，溅起一身的雨水，再好的心情也全部作废。

大家决定提前返程。集队的时候，才发现A还没有回来，正准备去找她，她却不打伞冒着雨，两手捧着一大袋东西，从山上不紧不慢地走下来。

我有些气恼，忙上去给她撑伞。

"还这么悠闲，大家等着你呢。"她看了我一眼，不说话，把袋子提起抱在胸前。

"什么东西？"我漫不经心地问道。其实我并不期待答案，或许那无非就是一堆零食。她低头跨过一个水洼，嘟囔着说："玉米。"

"哪来的玉米？"

"山上有个老婆婆让我买的。"

"呀,她叫你买你就买?"

"我看她可怜嘛。"

我无言以对。上车了,A坐下来拆开袋子开始吃玉米,我莫名其妙地想起很小的时候,蹲在校门口木栏边卖萝卜干的老奶奶。

那个傍晚,天上起了黑云,隐隐约约的半个月亮消失在广袤的天空中。她蹲在那里,衬着暮色,微笑被微风搅动着。我走过时她轻轻地问了一句:"你要买吗?只要一块钱。"

那时候我只念一年级。我妈一天给我一元零花钱——坐公共汽车回家。天那么黑,我却毅然地用一元钱去买了那杯萝卜干。走了好久,直到天上挂满星星的时候,才看见找我找得泪流满面的妈妈。

故事如果到此,那或许是一个孩子纯真带来的感动吧。但是,事实是那天晚上,我开始不停地呕吐,因为那杯萝卜干。

我那时候小,不会用言语表达太多,但那一刻,一个七岁的孩子的心里开始渐渐明白,成人的世界,善良是多么的不确定。

我转过头,看见埋头在啃玉米的A,她把玉米全部塞进了垃圾桶。A笑了,那么淡然,但是似乎隐匿着某些难以言说的失落和悲伤。她指着垃圾桶,很无奈地摇了摇头。

　　我知道，有时善良所带来的欺骗，像饭里的沙砾，总会带来一种不期然的伤痛。当我们一次又一次地选择善良的时候，却分明被套上了谎言。

　　车窗外的雨终于停了，大家开始唱歌，车子在郊外的公路上颠簸着，这次春游的尾声似乎挺欢乐的。车热闹地行驶着，在吵闹声中，我和A各自望着窗外，或许不太想带走这样的回忆吧，就看着初晴的太阳，把不愉快全部还给无情、无尽、无际的天空。

明早的朝阳依然漂亮

姚秋爽

望着天边西沉的太阳,我觉得格外地刺眼,如同试卷上鲜艳的红叉,嘲笑着我。

我的心情极度恶劣,耳畔回荡着老师训诫的话语:"你错的这些题目我在课堂上都讲过了,你拿这种态度去面对期末考,能考高分才怪!"老师见我低头不语,语气稍稍缓和了些,"好了,你先回去吧,自己好好反省。"接过递来的试卷,我逃也似的离开了办公室,来到了这个僻静的角落。

眼泪不争气地夺眶而出,我恨,恨老师无情的批评,恨自己的不认真。

我抱膝而坐,下巴抵在膝盖上,盯着渐沉的夕阳出神。过不了多久,它就会消失了,不是吗?

突然,眼前一片漆黑。"猜猜我是谁?"一个突兀的声音从我耳边响起。"罗倩雯,别闹了!"除了她,没有人会有这样的童心了。"你有心事。"她在我旁边坐下,"说出来给我听听呗。"

我摇摇头,不说话。

"哎,你这人咋这样呢?"罗倩雯急了,跳了起来,顺带把我也拉了起来。

我推辞了半天,始终抵不过她那如火的热情,便如竹筒倒豆子般把事情说了出来。

"不就这么点儿事嘛,"罗倩雯不满地撇撇嘴,"至于这样嘛!"

"你比我乐观。"我朝她狠狠地翻了个白眼。不过她说的似乎没错,我的心情确实好了许多。太阳落下了一半,不觉得那么刺眼了。

"现在不是好多了嘛。"罗倩雯笑得一脸不怀好意,伸出双手就到我腋下挠痒,我急忙躲避,两道人影在夕阳下追逐着。

跑累了,我和罗倩雯扑倒在草地上,望着天边的最后一抹余晖。"明天的朝阳一定很漂亮。"罗倩雯突然冒出一句话。"嗯。"我赞同地点了点头。

喜悦,可以与朋友一起分享,分享可以收获另一份喜悦;而悲伤,也可以向朋友倾诉,从而得到安慰。不要只是一个人将心事独藏。

幸福,是那一抹夕阳,射入我的心扉。

书包里的悄悄话

乐莉莛

我有一个大书包,蓝猫标志,是我同妈妈一起在超市里买来的,能装好多书本和文具。

月落柳梢,我正在认真地做作业,忽然听见从书包里传来了一阵叽叽喳喳的声音。我竖起耳朵一听,哦!原来是书本王国里的居民在说悄悄话哩!

只听见语文书说:"小主人真不爱惜我,我的衣服让小主人乱涂乱画,上面写了许多字。唉,真让我没脸见人。"

数学书抢过话说:"小主人不喜欢我啊,开学一个星期了,怎么还没有跟我见面呢?"

英语书像一个小鸟依人的公主,温柔地说:"小主人对我忽冷忽热,高兴的时候一个晚上都捧着我,不高兴的时候看都不看我一眼。"

手抄作业本说:"小主人对我也好不到哪里去,我刚见主人的时候可漂亮了,衣服、脸都是五颜六色的。可是现在被小主人弄得皱皱巴巴的,难看死了!"

一个声音说:"是啊,我被小主人折断了,真惨啊!"这是铅笔兄弟们在抱怨。

我又听见钢笔先生说:"有时候小主人不给我吸墨,让我无法工作。唉!还常常把我甩在地上,被人踩到,又脏又痛。"

听了它们的话,我感到很惭愧。我对它们说:"对不起,我做错了,大家受苦了,我给你们道歉,以后一定改正!"

一个星期过去了,我放下书包准备上床睡觉。书包里再次传来一句接一句的悄悄话:"感谢小主人,你给我穿上了整洁、漂亮的花衣服。"哦,是我为语文书包上了一层书皮。有两个声音同时说:"小主人,我们喜欢你,愿意天天跟你在一起。"老师要求我像学语文一样每天都要学数学、学英语,每天都要做练习。"我变得越来越强大了,他们更关注我了。"手抄本每天有我做的作业,每天还有爸爸妈妈和老师的签字,大家都关心着呢。还有两兄弟唱起了欢快的歌:"我们是一个小家庭,小主人给我们安了一个家。"前几天,爸爸为我买了一个很精致的文具盒,铅笔、钢笔、橡皮、小卷笔刀等全部装了进来。

听到他们的悄悄话,我高兴极了。晚上我还做了一个梦,梦里我在跟他们玩游戏呢。

听，那沉默的声音

顾 汀

外婆家门前的小河旁，有一株桃树。枝干细细弱弱，却遒劲地挺立着。每年春回，便冒出一朵朵粉色的花苞，绽放成春天里可爱的笑靥。

花期虽短暂却轰轰烈烈。缓步至树旁，可有风儿听到那沉默的声音？

羞涩的花苞，你可曾听到生命拔节的声音？当暖暖的阳光伴着略带寒意的风抚摸着桃树枝头时，冷寂了一个冬天的树开始涌起生命的躁动。隔不了几夜，叶儿还未长出来，枝头已经露出了几粒粉粉的小花苞，掩在浅绿的叶中，只探出个小脑袋，怯生生地欢喜着。走上前去，似乎还听到小花苞微微的喘息声。夜间，我在外婆家那带着草木清香的被窝中安稳而眠。睡梦中，恍然而至树前，那几粒花苞正奋力钻出叶子，"咿呀咿呀"地娇喘微微，细细密密的声响仿佛秀气的小女孩儿在进行拔河比赛，小小的心儿"嘭嘭"地跳着。生命拔节的沉默声响，是充满希冀的歌唱。

倾国倾城，你可曾听到花开浅笑的声音？当花苞胀得满满时，花儿便快开了。一夜春雨，淅淅沥沥，睡不安稳，我披衣坐在窗前。听啊听啊，雨声中夹杂着一种轻柔灵动的声响，仿佛款款踱步的女孩儿广袖上滴下的水珠，又似她黑亮的睫毛滑过如水的空气，又似温暖的风儿拂过她的青丝，裙摆飞扬。莫名地没有了睡意，心料明日花儿便绽放了，精神饱满地去捕捉那优雅的声音，却只剩下怅惘。

翌日清晨，雨停了。站在松软潮湿的河畔泥土上，我惊喜地发现：真的开了！粉色的花瓣捧着几缕金黄的花蕊，空气中弥漫着淡淡的清香，矜持恰似古代闺中的少女。花间风儿拂过，似闻浅笑吟吟，那是花开沉默的吟咏。

旋落如蝶，你可曾听到落红坠地的声音？春意渐浓，开得正浓的花儿渐近迟暮。一日信步树前，正想赞叹那粉如朝霞的姿容，忽然一阵风来，花瓣便纷纷扬扬地洒落下来，那场面颇为壮观。我忍不住心疼。花落时，飘舞如一只只疲倦的粉蝶，去亲吻那大地母亲。仿佛听到浅浅的叹息，忽然顿悟，那不是叹息，是无私的圣音。我蹲下身子，捧着几瓣落红：粉色的脸蛋可爱依旧，更增添了一份成熟的风韵。她们唱着庄严肃穆的歌儿落到根部,为下一代再尽自己的绵薄之力。落红坠地的沉默声响,是无私的大爱之音。

一朵桃花的一生,就这样无声地演绎,无声地终了。但,你可听到了那沉默的声音?是那初孕花苞的无畏歌唱,是那优雅而绽的悦耳吟咏,是那坦然坠落的壮美之音。

静默在水畔,交响乐却奏响在我心中。

家乡的新路

张小乐

国庆节前夕，爸爸妈妈带我回到家乡。一下107国道，我就被眼前的景象惊呆了。一条宽阔、平坦的水泥路，出现在我面前！哇，一直通到奶奶家门口！一辆辆汽车来往穿梭。我看到一车车的南瓜，一车车的木材，一车车的稻谷运出山外。从岳阳到我家乡的公共汽车停靠在马路边，一拨拨衣着时髦的城里人从汽车上下来，爬上山顶。许多人拿起相机，看到一片片的美丽景色，飞快地按下快门。妈妈告诉我，那是城里人到乡下来休闲的。爸爸接过妈妈的话，指着一个刚放学的小朋友说，现在国家真好，不但为咱家乡修公路，小孩儿读书不收一分钱学费，乡亲们种田不上交，还给补钱呢。

路修好了，人们走出大山就很方便了，我们回来也容易多了。

站在奶奶家门口，眺望着山间盘旋的水泥公路，我不禁感叹：啊，家乡的变化真大呀！

文学的诱惑

张继文

文学是屈原悲愤的吟诵,是司马相如清丽的琴声,是李白疏狂不羁的长笑,是李清照无奈的低吟,是纳兰容若寂寥的眼神,是张爱玲时光的剪影……

忘不了"人生若只如初见,何事秋风悲画扇"的无奈;忘不了"莫道不销魂,帘卷西风,人比黄花瘦"的思念;忘不了"呼儿将出换美酒,与尔同销万古愁"的豪放……忘不了太多太多,文学的世界令人流连忘返。

还记得"东风不与周郎便,铜雀春深锁二乔"的感叹;还记得"人生自古谁无死,留取丹心照汗青"的悲壮;还记得"花谢花飞花满天,红消香断有谁怜"的哀婉……还记得太多太多,文学的世界美不胜收。

曾忆起林黛玉无尽的愁绪、惆怅的清泪;曾忆起刘关张结义的豪情、征战的无畏;曾忆起梁山好汉饮酒的豪迈、赴死的慨然……曾忆起太多太多，文学的世界令人心旷神怡。

时常见，鲁迅悲愤的呐喊，沉默的呕心沥血；时常见，张爱玲淡然的身影，悲凉的字字句句；时常见，伍美珍灿然的笑容，飘起的青丝长发……时常见太多太多，文学的世界姹紫嫣红。

这个由文字搭建、散发着油墨清香的城堡实在是太神奇了。它演绎着悲欢离合，让人沉浸其中、百感交集。它拥有一股奇异的魔力，让人不知不觉徘徊其中，如痴如醉。

文学啊，我已心甘情愿被你诱惑。无论天涯海角，你都是我永恒的伴侣！

温　暖

黄心怡

　　冬日窗前的那抹阳光送来温暖，你简单的笑容中透着温暖，泛黄的相册中定格着温暖，你粗糙的手掌中存留着温暖。妈妈，与你相守的点滴间都氤氲着温暖……

　　橘黄色的灯光下，我和妈妈窝在沙发上津津有味地看着电视，关于家庭教育的节目。看到一个小孩儿不到十四岁就学完了高中所有的课程，被名牌大学录取时，妈妈情不自禁地啧啧称赞。看着妈妈对别人孩子的成功如此着迷和欣赏，我心头的妒火被点燃了，酸酸地问："妈妈，你也一心希望我成为这样优秀的人吗？要是我不优秀，你就不会喜欢我吗？""不，优秀当然好了，但你首先是我的孩子，我更希望你健康快乐！"妈妈眼睛盯着电视，果断地说："做一个快乐而又自信的人！"那一瞬，我的世界春暖花开。

阳光有些慵懒的午后,我在学海中遨游,妈妈在一旁静静地看书。突然,我觉得耳朵里不舒服,撒娇地让妈妈帮我清理一下。妈妈学究般一本正经地说:"嗯,让我来研究一下。"说完,她就拎着我的耳朵煞有介事地观察起来,那样子可爱极了。"天哪!"妈妈尖叫起来,"我敢保证,你上课肯定听不见老师讲什么,因为你的耳朵里好充实啊!"我不信,妈妈居然又专家般故弄玄虚地说:"下面,将是见证奇迹的时刻!"说完,她让我不要动,居然从我的耳朵里拖出一条一厘米长的大污垢,以极其夸张的表情放到桌上。我笑得前仰后合,笑得浑身无力,笑走了因为复习而带来的疲倦。世界上,只有妈妈才会用这样的心思来为学习紧张的孩子放松一下呀!我一头栽进妈妈的怀抱。那一刻,我感觉我是这个世上最幸福的孩子了!

我一直都相信,不管贫穷还是富有,有妈妈相伴的日子,本身就是一种幸福。因为这个过程中写满了人生的意义,温暖的,快乐的,伤心的……就是这些小小的片段,构成温暖完整的成长。

轻轻推开那扇门

石剑宇

轻轻推开那扇门,透过无边的苍穹,我第一眼看到的就是他。

第一眼,就令我折服。

高山流水,他将其凝聚在字里行间;千古英雄,被他镌刻于诗词歌赋。他是人间的文曲星,惊世才华几人能及?他更是伟大的爱国者,壮志豪情谁可比拟?

轻轻推开那扇门,他的心里一片凄凉,似秋风拂过,留下满地落花。早已厌倦无情战争的他,看着水深火热中的同胞,怎能不痛心疾首?"遗民泪尽胡尘里,南望王师又一年。"年复一年的等待,何时才能开出绚丽的花朵?

轻轻推开那扇门,眼前的他,早已是风烛残年的老叟,当年的威武早已荡然无存。浑浊的泪水溢满眼眶。微微颤抖的手艰难地握住那支曾经泼墨挥洒的笔,笔尖划过纸面留下的一道道墨痕，这不正是他心中那些抹不去的累累伤痕吗？"王师北定中原日，家祭无忘告乃翁。"这竟成了他的千古绝唱!

一面是安闲舒适的田园生活，一面是艰苦卓绝的复国之路，命运让他抉择，他毅然选择了后者。尽管他知道，这个选择也许需要他用整个生命来捍卫。

我明白，他早已看破世俗的一切，他眷恋的绝不是荣华富贵。他知道，他是南宋的子民，体内流淌的是南宋的血液，保家卫国是他的职责。

他愤怒，当金人的铁骑肆虐中原；他痛心，骨肉同胞流离失所；他焦虑，宫院里依旧歌舞升平；他执着，那片至死不变的忠心和茅屋中那份纯洁的守望。

春色满园，他关注的只有那来自边疆的战讯，但每次带给他的都是一番彻骨的痛惜，即使再美的景致，也只能成为他的焦愁，在诗词中的唯一寄托；烈日炎炎，高悬的太阳是他冲天的怒气，似乎要烤尽残暴的金兵；秋高气爽，可在他的心中，只能是倍添凄凉；冰冻三尺，皑皑白雪，也掩盖不了他内心的万丈豪情。

轻轻推开那扇门，他的心之门，我看到的是一腔沸腾的热血，感受到的是一颗炽热的爱国心!虽然他已经停止了呼吸，但他的灵魂依然长存；他的精神，依然激励着无数仁人志士。

陆游，好一个"气吞残虏"的铁血男儿!

美丽的南湖广场

许明聪

走进南湖广场，一束束鲜花摆在眼前，漂亮极了。红的像一团火焰，黄的如同一片金色的大海。这些花太美了，人们行走在花丛中，有的人俯下身子看花、赏花、闻花，还有的人在这里留影，摆出蝴蝶的姿态。

在前面不远处，摆放了数不清的烟花，我听到有人说晚上有烟花看，我和爸爸说好晚上来。继续向前走看到的是喷泉。喷泉也是有颜色的，还有小柱喷泉随着音乐跳起舞来，音乐声高亢时，喷泉就直冲云霄；音乐声低缓时，喷泉的浪花洒落一地，真是太有趣了。

广场中央有许多小朋友在放风筝，红蜻蜓、绿蝴蝶、红丝巾，各式各样，漂亮极了。他们跳跃着、欢呼着。站在广场中间，极目远眺，远处街道旁高耸入云的楼房鳞次栉比，马路上的车辆川流不息，大小公司商店的门面招牌在阳光的照耀下熠熠生辉。整个广场周围，一片繁华。开阔的广场中间，林间的小道，湖边的座椅旁，爷爷奶奶、叔叔阿姨们在悠闲地散步，他们怡然自在，好不逍遥。

我爱美丽的南湖广场。

将快乐进行到底

乐跃峰

我姓乐,是快乐的乐,乐观的乐,欢乐的乐。爸爸妈妈希望我快乐学习,乐观生活,欢乐成长。

很小的时候,我开始学写作文。爸爸告诉我,生活就是一桌五味杂陈的大餐,需要细细品味。于是,我学会了观察生活。一年四季的更替、一天气温的变化、花木虫鱼的生长、彼此之间的交往,都成了我观察的内容,自然而然,作文中就有了生活的味道。作文还需要思考。池塘边、花丛里、草地上、书架旁,都有我沉思的印迹。这些又让作文有了别样的风味。

我的学习是自由的、轻松的、愉快的。记得从小学一年级起,我就喜欢看一些课外书,看什么书,怎么看,爸爸妈妈从来不强制我。我想看书的时候,他们就送我到新华书店、图书城,让我在浩如烟海的书籍中随意翻阅。我买什么书，买多少，他们也从不干涉。我几天一页书都不看，他们也不会责备我。爸爸是一名大学教师，提醒我最多的是要保护好视力。几年下来，我看了几十本书，有古典小说，也有神话传奇。

我是一个乐天派，成天乐逍遥。从小我就喜欢玩，在家待不住。那时候爸爸骑着摩托车带上妈妈和我到处跑，大街小巷都留下了我们的足迹。洞庭湖大桥下、南湖畔、岳阳楼旁、君山岛上都有我们的身影。爸爸每带我们到一个地方，就告诉我这个地方的过去和现在，有些地方他还告诉我将来会发生的变化。为了开阔我的眼界，让我增长见识，爸爸先后带我到青岛、大连、广州、珠海、东莞、西安等城市旅游，让我看看壮阔的大海，登上巍峨的山峰，感受城乡变化的奇迹，了解丰富多样的民俗风情，学习古代和现代的灿烂文化。

我的成长是快乐的。三年级时，老师说，我是一个小天使。在我的作文里经常出现令老师开怀大笑的句子。我写"蝴蝶围在小明身边欢歌跳舞"的作文，老师打了"优"，爸爸将我大大地赞扬了一通，我的心里美滋滋的。2011年，我的语文老师方老师还鼓励我们利用暑假写一本书。我每天写几百字，三个月下来，竟洋洋洒洒地写下了两万五千字，老师在班上说，我写得最长，也写得最轻松。

我快乐，我乐观，我欢乐，我要感谢这个时代，我要感谢关心、鼓励、引导和帮助我的人们。

向阳花开

丁行健

好久没有这样的闲心了。自己泡一杯清茗,走上阳台去听听这深秋的雨。还没有出房门,远远看见窗台上有几点摇曳的紫色,紫得透明,紫得水灵,在清茶凝聚的白雾中若隐若现。我走上前去,倚在窗边,观赏着,感受着长假中难得的清闲。

两株小小的花,叫不出名字,只记得小时候曾在艳阳天里见过它。当时的花,一条条茎干都直指蓝天,花朵向着太阳,生机勃勃。紫色的精灵争相与阳光互动。

如今这花,不是在阳光下,而是站在煞人的秋风秋雨中,它竟保持着和当初一样的姿态,挺直了枝干向着蓝天。貌似小而无力的花朵缀连在茎上,仿佛只要再来一阵轻风,就会无力地坠地。它们怎能受得起呢?记得生物课老师讲过,生物都是会对外界刺激做出反应的。向日葵学会了背对潮湿阴冷，连兰花都学会了合上花瓣以御风雨。千百年来，这娇弱的小花如何学会在风雨中自我保护？如何这样倔强地向着天空？

是这花分不清晴雨吗？

"啪嗒"的细小声响中，一枝细小的茎被打折了，落在花盆里。小心拾起那向阳队伍中的曾经一员：小小的、细细的茎，朴素的淡紫色的花。在不多不少五片花瓣的环绕中，发现了一圈小小的、金黄的东西，是护着花蕊的一小圈，这样面对着天空，多么像一只充满期盼的眼睛啊！这小小的眼睛，写满了执着。如此的执着，是因为它们不肯放下一刻张望蓝天的机会吗？

我想是的。它们心怀梦想，而梦想不只属于蓝天，也属于这凄风苦雨，只有先挺过了这凄风苦雨，才可以置身于梦想的蓝天之中。梦想的美好恰恰在于不惧困难去追寻它的过程。

我饮一口茶，感到滚烫的胸腔震动了一下：我不就是这样无名的向阳小花吗？我曾经为踏进这麓山校园多少次灯下夜读，多少次扛着困难艰难站起。我的心在梦想的磨砺下日益成长。

我拾起那朵小花，把这可敬的生命置于掌心。向阳花和我一起努力开放，不回避乌云，不回避风雨，追逐着太阳，是向阳花最简单而又最倔强的守望。何不期待向阳花开？

城市镜像

——江南小巷

彭 涛

我所居住的城市是一座繁华的小城市。

走进那一条条窄窄的小巷,嵌在江南民居粉墙上的是素雅的青砖瓦,密密的如鱼鳞;雕花的松木窗,仿佛还散着松子的清香;精美的镂空砖雕,衬着并不高的门,一种古朴凝重的清新美感扑面而来。随便哪家哪户,只要从外面瞧上一眼,便可见一个不大的天井边摆着几盆花草,一把摇椅倚在门边,一只猫或是狗,懒洋洋地趴在那儿晒太阳……这里并没有皇家的高贵,却有百姓家的独特美感。

张家港是柔的,小巷是柔的,小巷子里的人也是柔的。老人们坐在藤椅上眯着眼听着收音机,兴致来了,便唱上一两句,那曲调绝对的地道。小巷里总少不了儿童的身影。这儿的孩子们保留着传统的游戏。跳绳时,男孩儿和女孩儿不分上下,随着绳的节奏,女孩儿的辫子像蝴蝶似的翩翩起舞,男孩儿的加油声一声接着一声。踢毽时,他们更是玩出了花样,喝彩声不绝于耳。

小巷里的年轻人是连接小巷与现代气息的桥梁。他们虽然处在城市的繁华之中,但却保留着小巷人的生活习惯:早上,他们啃着饼,喝着热气腾腾的豆浆;晚上归来,同家人一同看新闻,一同聊天。他们也将外边的世界带进小巷,许许多多的家庭买了电脑上网,从网上看天下,在小巷看世界。

岁月流转,小巷依旧。

生命中的那盏纸灯笼

——读《青铜葵花》有感

苏至文

油麻地、稻香渡、芦花鞋,还有大麦地上最亮最亮的南瓜花灯及那串闪烁着温馨光芒的冰项链……这里注定是一个有动人故事的地方。

故事从青铜葵花的家人说起。

秋天来了,奶奶的病也来了。这位在棉花田里劳碌万分的老人,只惦记着青铜和葵花的冬衣,辛勤的她最终累倒在了棉花田里。奶奶的病,深深地牵着家中每一人的心,高额的医疗费,是一座不可逾越的大山,重重地压在一家人的心头。

上天没能眷顾这可怜的一家人,葵花是个懂事的孩子,为了治好奶奶的病,她甚至愿意放弃课堂。她是给自已做了一个多么残忍的决定呀！她是多么的热爱且痴迷于那一个个生动的文字，一个个灵活的算式，一个个诗意的音符啊！但与家比起来，这又算什么呢？

葵花乘上了一艘开向江南的船，留下了一封给青铜的信，她不知道前方等待她的将是什么，她只知道，到了江南，拾银杏，为奶奶的病筹钱是一件天大的事情。在江南，那一棵又一棵银杏树下满满一地的银杏叶不仅仅是银杏叶，那是奶奶的医疗费啊！葵花是一个多么乖巧的孩子啊。而在大江的那一头，她的哥哥青铜，因为对她那抹之不去的亲情，在油麻镇上，拎着一只小小的纸灯笼，照着夜晚的路面。哟，青铜这个哑巴哥哥，才是个真正的好哥哥呀！

伴随着葵花甜美的歌，和那一口袋的零毛钞，南去的大船靠岸了。那盏小小的纸灯笼，跳跃在葵花明亮的眸子上，"哥！"一声长喊，抒发了她多少说不尽的对亲人的期盼与爱！

奶奶被安葬了，是一块好坟地。人渐渐散去了，只剩青铜葵花还守在那块小小的坟地上，风吹干了他们的泪痕，青铜依旧提着那盏纸灯笼，照亮了坟地，照亮了兄妹二人瘦小的身影……

合上书，仍意犹未尽，心神还沉浸在那盏纸灯笼上，沉浸在青铜一家人身上，那份感动在心中汩汩流淌。他们的善良，他们身上的自然美与爱，让我寻觅到了生命的本真，寻觅到了太多太多珍贵的情谊。

我知道，故事中的那盏纸灯笼亮在大河上，亮在油麻镇上，亮在大麦地每个人的心中，更亮在每一个读者的心头。它是那样的明亮，那样的神圣……

这就是《青铜葵花》，这就是生命中的那盏纸灯笼……

我真的不想迟到

杨小童

在朝阳大街，除了节假日，每天早晨都可以看到这样一幕：一个皮肤黑黑的男孩儿，拎着一个硕大的书包狂跑着，嘴里还叼着半个面包。

这，就是我，正在与时间赛跑，一个孤独的短跑运动员。

离教室还有五十米，可上课铃还是响了。我双膝跪地，仰天长啸："天亡我也！"

这已经是我本月第二十次迟到了，并且打破了上月创下的迟到十九次的记录。迟到带给我唯一的好处是我的体育成绩尤其是短跑成绩在迅速提高。

班主任拍着我的肩"热泪盈眶"地说："托小童同学的洪福，这个月的班级分已经被扣光了，现在正朝着负方向发展。"

上课铃响后,只要听见有人喊报告,同学们不抬头就可以齐呼:"小童驾到——"

为了班级为了自己,我决定痛改前非。放学后直接去了菜市场,买了一只鸡,我要闻鸡起舞。

听见鸡叫了,我花了两分四秒做了一番思想斗争,终于成功地与床分离。我拎起书包就向学校狂奔,祈祷着时间在这一刻停止,祈祷着上课铃不要响,不要响,千万不要响……教室近了,近了,我狂奔过去,像博尔特一样冲过终点。顿时,鲜花、掌声涌了过来。同学、老师都激动地争着和我握手!

哈哈,感谢老大,感谢大公鸡,太给力了!我激动地叫了起来。醒了,再一看表,天哪,晨读时间都到了!

我将迎来本月第二十一次迟到——那鸡咋就不打鸣呢?

唉!人倒霉起来,公鸡都能买成母鸡。

送你一个微笑

水蓝色的美人鱼

朱琪

《海的女儿》中小美人鱼吐出水蓝色泡泡的美好场面至今令我记忆犹新。意想不到的是,在如花一般美丽的时光里,我遇到了一位水蓝色泡泡般晶莹剔透的老师。她姓韩,小巧玲珑的身材像活泼可爱的小女孩儿一样,令人倍感亲切。她的课堂上飘飞着无数水蓝色的泡泡,神奇得让学生"着魔"。

"丁零零",上课铃响了。韩老师在全班同学期待的眼神中翩翩而来。近了,近了,穿着红色风衣的她好似一团热情的火,随之而来的一阵清香,沁人心脾。"Class begins!"响亮的女高音在教室里回荡,就这样,一节如春天般生机勃勃的英语课拉开了序幕,不知不觉中,我们已经完全沉浸在韩老师为我们营造的魔力世界里。黑板上,一行行英文字母微笑着跳着华尔兹。此刻,它们不再是深奥难懂的字符，而是一张张可爱的笑脸，一朵朵温润如玉的百合花，在我的脑海中旋转、跳跃。四十五分钟就是这样轻松而快乐，时时刻刻都洋溢着水蓝色泡泡般美好的感觉。课后，我总感觉自己仍然畅游于蔚蓝色的大海。

身为班主任的她，对任何事情都尽心尽力，她尤其注重培养孩子们美好的心灵。记得那是一节关于感恩的心灵洗礼课。柔美的音乐如月光般皎洁纯净，韩老师充满感情的话语字字句句盛开在我们的心里。从韩老师的话中，我意识到了自己平时对父母的忽视，我下定决心要将感恩时刻铭记。

韩老师——如美人鱼般灵动的老师，时刻都能给我们充满着惊喜的美丽老师，我爱您！

生 命 物 语

王金凤

　　桌上静卧着枯萎的紫薇。

　　前日，枝头还是它炫耀生命的舞台；今日，花瓶却画上了它生命终结的句号。生命究竟在以怎样的速度枯萎？这真是个令人思考的问题。

　　窗外的绿意，出奇地新鲜，滋润着我困乏的双眼。我推开窗，准备拥抱更多的清新。忽然，一个黑影"啪"一声落下，像一滴雨砸在了窗台。

　　定睛一看，是壁虎！三角形的小脑袋上闭合着两条狭缝，细小的爪子像四朵微型的龙葵，纤细的尾巴不安地左右摇摆。我大骇：这飞檐走壁的劳什子怎么从窗上掉下来？

　　我如临大敌，本想用棍棒拨它下去，但考虑到自己身处三楼，此举似乎过于残忍。于是倚在窗边，干脆等它自行告退。

奇怪！一般壁虎见了人影早就逃之夭夭，此只不但没溜，反而挪挪爪子又趴下，大有长期驻留之势。正纳闷于它的有恃无恐，一道触目惊心的伤痕映入眼帘：本应平滑的鳞片已残缺不齐，像件被撕裂的衣衫；原本乌油油的背脊，被刷上一层惨淡的灰白；后腿上的皮肤绞作一团，仿佛经过车轮的来回碾压。小东西，你到底遭遇了什么？

突然想起曾经的某晚，我看到一只壁虎在窗户上漫步然后被吓得半死的情形，莫非就是这个家伙？原来它一直在窗户的缝隙中苟延残喘，而我竟浑然不觉。是我，是我的开窗关窗酿成了它的惨剧？

罪恶感瞬间压抑得我非常气闷。我必须救赎，是的，必须！可手中的纸板刚触到它的爪子，它便惊慌不安地扭动起来，艰难的步履仿佛耗尽了平生的力量。愈来愈接近窗台的边缘了！这只严重受伤的壁虎，由于慌乱地退后，在与窗沿重合的一霎，从三楼直坠而下。啊，生命的落幕竟如此的悲壮！

我飞奔到楼下，幻想能寻到那位坠崖者的现场，但是没有找到。它竟连赎罪的机会都不肯给我，还是我的赎罪心切加速了它的死亡？本想摘掉刽子手的黑帽，反而被再次更紧地扣上？

我伤感地回到桌前，迷惘地看着窗外，目光过处，又是瓶中那残香驻留的紫薇。我仿佛听到它无声的控诉。我不禁一阵战栗：无知的怜悯与爱的狂热，常常把本真自然的生命葬送。生命之间的尊重，有时要比一厢情愿的怜悯重要得多。

生命的物语，其实是无处不在的，所缺的只是能听到这种沉默的知音吧。

幸福，就这么简单

刘相杉

"砰"的一声，黑板擦重重地落在了讲桌上，教室里的空气似乎凝固了。

过了半晌，老师面无表情地说："这次考试，成绩极差！"拉长的"差"字在我的耳中宛如一声炸雷滚过，让我心惊胆战。

"特别是某些学生，自认为聪明，一天天就知道玩。"老师严厉的目光在每个同学的脸上扫了一圈，不知为什么，总觉得那目光在我的面前多停留了几秒，我心里忐忑不安。

"咳。"老师清清喉咙，"现在宣布一下成绩，九十分以上的……"一个个的名字响起，但却没有我的，额角渗出的汗珠暴露了我心中的紧张。

我记不清是怎样回到家的，满卷叉号恍惚成满眼的红色,那是我上学以来最差的成绩!

"回来了!"在厨房忙碌的妈妈跑过来,她的腰间系着围裙,双手还沾着水,暖暖的阳光洒在她的脸上,给她微笑的脸庞镀上了一层耀眼的光芒。"今天我做了你最爱吃的菜,快写作业吧,我们一会儿吃饭。"

我坐在椅子上,脑海中一片空白……迷迷糊糊地吃完饭,我把卷子放在书桌上,一声不响地走到了楼下——我无法面对疼我爱我的妈妈!

不知过了多久,我悄悄回到了家。

书房的桌上放着一杯热茶,袅袅的茶香弥漫了整个房间。杯子的下面压着一封信:

"亲爱的宝贝,妈妈看到那张卷子了。但我不想责备你,只想让你自己想明白今后该怎样做。不要因为一次的失败而沮丧,要坚信你自己能行。在妈妈心目中,你是最棒的孩子!"

一股暖流在我心里缓缓流淌……幸福,其实就这么简单!

以爱的名义

贾忆倩

爸爸戒烟了！这几乎是个奇迹。大家都夸赞我是"戒烟事件"的第一功臣，其实我心里最清楚，让爸爸戒烟的真正原因，是爱的力量。我只是利用了这一妙招——以爱的名义进行了阻止……

一直都知道吸烟有害健康，但并不真正了解到底危害有多大？直到有一天，我读了一篇文章才令我恍然大悟甚至震惊：据分析，烟草中大约含有一千二百种化合物，其中大部分对人体有害，特别是尼古丁，危害尤大。一支香烟里的尼古丁，可以毒死一只老鼠，二十支香烟里的尼古丁能够毒死一头牛……我国吸烟人数高达三亿多，每年消耗香烟一点五万亿支，中国的中年男人百分之七十吸烟，每分钟就有五人死于吸烟……

看着这些令人触目惊心的数字，我的心情由担忧变成恐惧，我想到了爸爸——那个爱我疼我的爸爸！同时更想到了那个整日吞云吐雾、烟不离手、视烟如宝、屡戒屡败的爸爸！瞬间，那份对爸爸的深爱化为一股无形的力量，我绝不能熟视无睹、麻木不仁，我要为爸爸的健康而战——帮爸爸戒烟！

很快，一个详细的戒烟计划便在妈妈的帮助下酝酿而成。经过精心准备，我把家里布置成了"戒烟宣传室"，特别是在爸爸经常吸烟的地方张贴了充满温情的口号——

床头上："爸爸，香烟和我，您爱谁更多一些？""爸爸，我爱您和妈妈，我们是幸福的一家人！"

客厅里，"为所有你爱的人熄灭手中的香烟，点亮健康的希望。""森林是地球之肺，所以我们植树！可我们自己的肺呢？请远离烟草！"

洗手间的墙壁上："戒烟靠的就是意志和信念，靠的就是男人必须具备的那些素质，所以真正的男人都有戒烟的能力，战胜自己，证明自己的毅力！"

厨房里："爸爸，要香烟还是要健康，请您选择！"

书房里："爸爸，我爱你！也请你爱惜自己，戒烟吧，您一定能做得到！"

……

这些无处不在的戒烟口号让爸爸无处躲藏，尽管目睹着爸爸痛苦的"戒烟综合征"，我也很心疼，但我铁了心要帮爸爸戒烟成功，我绝不能让香烟侵蚀爸爸的身体。我一直坚信,爸爸一定会戒烟成功的,因为很多次,在我监视爸爸的时候,看到他手拿着香烟,却默默地注视着戒烟口号沉思、发呆,然后,狠狠地将烟扔掉!我知道,爸爸在做着艰难的思想斗争……

亲爱的爸爸终于没让我失望,他成功地戒烟了!

戒烟成功的那一天,爸爸丢掉了他所有曾视若珍宝的香烟和打火机,而我则亲手取下了满屋的戒烟口号,并且送给了爸爸一个深情的拥抱。

一年了,戒掉烟的爸爸更加健康阳光,充满活力;一年了,因为戒烟我和爸爸之间的感情更加深厚浓烈;一年了,很想写出这篇文章送给所有的烟迷爸爸们——戒烟,没有灵丹妙药,只要您以爱的名义,就一定能勇敢地戒下去。爱,是一种能超越尼古丁的物质!

我发现了你的魅力

李博文

　　语文，初次接触你，我并没能感受到你的灵气。但在逐渐了解的过程中，我开始慢慢发现你的魅力。你如淡墨一般清香淡雅，醉人心扉；你如乐曲一般悦耳动听，愉人心怀；你如花儿一般香气扑鼻，沁人心脾。而你所包含的诗词，则是你最迷人的风韵。

　　我爱上了你的诗词，它们真挚的情感，深厚的文化，朗朗上口的语言，都使我为之着迷。"谁道人生无再少，门前流水尚能西，休将白发唱黄鸡"所散发出来的乐观和积极，让我对生活有了更大的信心。苏轼超然洒脱，豁达大度，体现了一个人在逆境之中的品格，令人敬佩。"少壮不努力，老大徒伤悲"，那字字铿锵的告诫，让我倍加珍惜时光。"业精于勤，荒于嬉"，努力把握现在，让少年时光多一份勤勉。满含哲理的你令我感悟颇深，而秀丽的你更是倍加迷人。"草长莺飞二月天"中的春天，生机勃勃而又春意盎然，透出了春景的清新之感。"映日荷花别样红"的夏天，花开艳丽而又美不胜收，显出了夏日的火热与奔放。"霜叶红于二月花"的秋天，景色别致，以枫叶衬秋意之浓，表现了秋天的宜人之美。"千树万树梨花开"的冬天，大雪纷飞，银装素裹，体现了冬季的晶莹美。

　　这些诗词是你魅力的体现，我发现了它，并认真地感受它的隽永，它的雅韵。你的魅力更感染了我，使我陶冶了情操，净化了心灵，使我爱上了写作，爱上了阅读。

秋 海 棠

李丽雪

秋海棠，这种栽培在暖房里的比较娇气的盆景花卉，就像是一位稚气未脱的十二三岁的姑娘，雅而不拙，娇而不艳。

初夏时节，它就吐出新芽，在暖洋洋的屋子里，张开别致的嫩叶，煞是喜人。它的叶子绿中有白，银中带红，赤里含紫，色彩鲜美。叶面非常离奇，凸凸凹凹，褶褶皱皱，宛如夏季年轻姑娘穿的花泡泡纱。它栽种在花盆里，四五片花叶子就像几条花被子，把花盆的表面遮盖得严严实实，可以想见叶子之大。而它的根——为这美丽的叶子采集、吸收养分的根，却悄悄地躲到"被子"底下，甘当无名英雄。

每当可爱的秋色驻足人间，它就尽情地绽放。绯红的花托上，张开白里透红的花瓣，仿佛孩子们稚嫩的笑脸。

黄色的花蕊,又像是披着艳装的蝴蝶的触须。

伴随着新蕊初绽,它们总是散发着沁人心脾的清香。这清香,既不像桂花那样馥郁浓烈,也不像牵牛花那样恬淡无味,而是别有风味,让人久久难忘。

秋海棠——娇美的花。

地 球 兄 弟

郭子源

在遥远的外太空,一艘银灰色的宇宙飞船缓慢飞行。飞船的外壳上写着三个汉字:和平号。"和平号"是地球上最先进的太空船,此次的任务是寻找外星人,但它已经在太空飘了一个月了,毫无收获。

队长是一名中国人,叫郑龙。其他成员有美国人约翰,法国人路易,英国人露西,还有露西的宠物狗"旺财",这个名字是队长起的。

路易忽然透过大屏幕发现有几个发光的物体迎面飞来,急忙喊道:"队长,你看,好像有不明飞行物!"就在大家惊奇的时候,忽然那四个发光的飞行物相互靠拢,组合成了一个巨大的怪兽模样。怪兽的眼睛里射出来两道强烈的光,刺得飞船上的人眼睛都睁不开了。飞船似乎受到了一次重击,左右摇摆起来。情况非常紧急!

这时只见那个怪兽飞行物像鳄鱼一样缓缓张开了嘴,把"和平号"飞船整个吞了进去!大家眼前一黑,感到头晕目眩,昏了过去……

也不知过了多长时间,队员们在迷迷糊糊中感到了飞行器与地面撞击的震动,一定是着陆了。这个飞行物慢慢地像一朵莲花一样打开了。

"天啊!恐龙!你们看!"露西指着外面大叫。果然到处都是恐龙,但是它们都很温顺,似乎并不关注这些"天外来客",悠闲地散着步。天上偶尔也会飞来一只翼龙,它那庞大的身躯呼啸而过,让这几个地球人震撼不已!

更令人吃惊的是,大家发现飞船四周围满了人类,他们长得和地球上的非洲人几乎一模一样,只是他们的穿着打扮和地球人全然不同。

这时候走过来几个人,他们每个人的手腕上都戴着一个"手表"。这是一种语言翻译设备,它通过生物电波来传达人们的思想,所以可以让不同生物之间交流信息。

队员们从飞船的悬梯上下来,下面的人群欢呼起来:"天啊,它们也是俄斯星球的人吗?!跟我们长得一样!"

队员们来到了一位慈祥的老者面前,老者看起来平易近人。只听那个老者说:"我是这个星球的酋长,叫曼大。你们是来自地球的兄弟们吗?"

大家惊呆了，问："你怎么知道？"老者说："其实我们都是人类。在很久很久以前，我们的地球是一个葫芦状的星球。可是一次意外的行星撞击，把我们撞开了。于是，我们这一小部分就偏离了地球的轨道，越飘越远，最后，我们彼此分隔……"在介绍完星球的来历以后，酋长曼大送给队员们一架超级宇宙飞船"白鸽号"，还有一些地球上已经灭绝的动物，希望他们回地球传达和平的信息！

郑龙拉着曼大的手说："我们该怎么感谢你呢？"

这时候曼大有点儿不好意思地说："我们希望你把那条'狗兽'留下，因为小朋友们很喜欢它！"

露西说："没问题，因为它已经爱上了这里的美食！你说呢，旺财？"旺财"汪汪"回应了两声。

"白鸽号"向地球的方向飞去，真不知道地球人知道了茫茫宇宙中还有自己的兄弟们过着幸福快乐的生活会是什么反应呢？

猫咪，谢谢你

李一冰

猫咪，谢谢你。相信身在天堂彼岸的你一定能听到。

长长的尾巴，黄白相间的圆圆胖胖的身体，看上去肉乎乎却异常灵敏矫健的脚爪，白色的毛茸茸的小脑袋，粉色的小鼻子，亮白的胡须下可爱的嘴，闪着绿光的眼睛，你是王婆婆家一只名叫猫咪的猫，你伴着我走过了童年。

那时，放学后家里人还没有回来之前，我就会到王婆婆家去和猫咪玩。

别看那时年纪小，可我的烦恼却多得很，我的烦恼不轻易表达，但却总爱向猫咪诉说。我抱着猫咪来到王婆婆家的小院，放下它，我蹲在地上，拧着两条蜡笔小新眉，嘟着嘴，咬着手指，低声对它抱怨：幼儿园老师总是催我吃饭吃快点儿，老叫我跟其他人玩，我有那么几个朋友就够了嘛，还有妈妈老叫我吃白色的荷包蛋，惨白惨白的还有一股怪味，难吃死了……诸如此类的抱怨，猫咪几乎每天都要听，但它似乎不厌其烦。猫咪一直趴在地上侧着头，看着我在墙角画圈圈，阳光下它细长的瞳孔中是一片温柔，斑驳的阳光给它镀上了金边，一人一猫就这样度过下午时光。谢谢你，猫咪，我耐心的倾听者。

上六年级了，学习上的事不容我浪费时间在别的事上，和猫咪相处的时间更少了。偶尔看见它，它也是一副无精打采的模样，叫声略显低沉，走路时也有些颤抖了，我隐隐约约感到有些不妙。

一天，我抓着将要送给猫咪的乒乓球，去了王婆婆家。我很诧异，猫咪没有在门口迎接我，我四下张望着，心里很是担忧。正在这时，王婆婆哽咽的声音传入我的耳中："猫咪死了！"恍若晴天霹雳，一瞬间，我惊呆了。"猫咪——"我喃喃道，留下了乒乓球，关上王婆婆家有些腐朽的木门，一个人回了家。

站在阳台上，风拭去我的泪水，带来了猫咪的叫声，仿佛它就在不远处。猫咪，谢谢你陪我走过了八个春秋，谢谢你陪伴我走过快乐的童年。猫咪，我永远的伙伴！

倾 听 自 然

金雨晴

我喜欢倾听大自然的天籁之音,那是我亲近自然、感受自然、愉悦身心、享受生活的一种方式。

我喜欢倾听燕语呢喃的声音。春回大地,当春姑娘挎着花篮,迈着轻盈的步伐,姗姗而来的时候,美丽的小燕子就会从遥远的南方飞来,它们站在枝头或电线杆上欢快地叫个不停,更有清风流水应和着,兴奋地演唱着一支支春天的赞歌,那歌声悦耳婉转,使你的身心完全沉醉在这美妙的音乐之中,令你心旷神怡。

我喜欢倾听春雨的声音。春雨滋润万物的时候,总是那么温馨恬静,那滴答滴答的声音,好像一位钢琴家在弹奏一首优美的曲子,一滴滴小水珠就像无数个跳动的音符,把春雨演绎得如此美妙动人。想起春雨润物无声,哺育万物却无怨无悔的精神和情怀,你的胸襟也会变得坦荡从容，豁达开朗起来。

我喜欢倾听蝉鸣。蝉是夏天里最卖力的歌手，整个夏季都在不知疲倦地歌唱着，那热烈的、激昂的歌谣，引得青蛙的嗓子也痒痒的，赶着来凑热闹，于是它们共同演奏着精彩的大合唱。炎热的夏季，当你静下心来欣赏这优美动听的合唱时，你的心也会沉静下来，不再感到酷暑难耐，烦躁不安。

我喜欢倾听小桥流水的声音。它是那么轻柔，那么欢乐，总是没有忧愁，没有烦恼，没有牵挂，一路欢快地奔向远方，潺潺的流水声让人产生很多联想，仿佛你也变成了一滴小水珠和它们一起流淌，一起流向生命的远方，流向生活的深处。

我喜欢倾听微风拂过树叶的声音。当清风吹过时，那一片片的叶子就好像挂在树枝上的无数个风铃，哗哗作响，共同演奏天空中那流动的旋律，让寂寞单调的天空变得丰富多彩起来，同时，也让我对生活充满了憧憬和幻想。

我喜欢倾听海浪拍击堤岸的声音，喜欢倾听山风掠过松林的声音，喜欢倾听雨打芭蕉的声音，喜欢倾听草原上万马奔腾的声音……倾听这些大自然的美妙之音，那是我用耳朵阅读自然与生活的一种方式，它能引起我的无限遐想，让我对生活充满热爱和向往。

登 长 城

陈雅雯

　　起伏的群山飞一般向车尾甩去，交织成一片流动的绿。在颠簸中，窗外的景色不知在何处定格……

　　一下车，凉飕飕的风夹杂着昨夜的潮气向我袭来，我不禁打了个冷战，如小米般的鸡皮疙瘩隐隐约约在皮肤上浮现，我扯了扯单薄的衣衫，昂首挺胸地向长城迈进。

　　站在长城脚下，放眼望去，我不禁倒吸了口凉气，先前的自信在一点点消逝。七十五度的陡坡近乎是直上直下，台阶足足有二十厘米高，平坦的上坡如抹了油般光滑……"喂！"马悦晨适时地叫了一声直愣愣的我。"好不容易来到了这儿，怎么可以轻易认输呢！"我给自己鼓了鼓劲儿，用坚定的目光看了马悦晨一眼：爬吧！

　　说是"登长城"，倒不如"爬长城"更形象，有些坡陡之地，简直需要我们用最原始的方法——手脚并用来攀登，这也就足可见长城的陡峭险峻了。起初，体力充沛的我们一迈一大步，一跨两个台阶，不足半个小时，接近一半的路程就被我们甩在了身后，可我们也为速度之快付出了应有的代价——手脚酸痛，大口大口地喘息着，汗水也浸湿了衣服，最严重的是我们的水已经所剩无几了。看来，我们剩下的路不会像想象中的那么轻松了。果然不出所料，我们如蜗牛般在长城上缓缓行进着，每一个台阶都仿佛是一座大山般挡在我们面前，腿如同灌铅了的我们要费九牛二虎之力才得以跨越。在一处陡坡，力不从心的我险些向后栽倒下去，幸亏马悦晨的手扶住了我。一波三折，我们终于看到了曙光。可就在这时，马悦晨面对最后一个令人望而生畏的陡坡，却打起了退堂鼓，一屁股坐在了地上，"不行了，不爬了，累死我了！"汗珠顺着她的额头流下来，她的脸蛋儿红扑扑的，嘴唇却有些发白。我虽然也累，但还是极力鼓励她，"马悦晨，你说咱来一次北京，来一次长城，说不定一辈子就这一次，都爬了这么多了，就还剩一点儿了，你却不坚持，你不觉得可惜吗？"我的嘴如机关枪般对马悦晨发起了语言攻击。马悦晨最怕我说教了，连忙投降，"老大，我错了成吗？都累成这样了你还说。来，你拉我一把，起不来了。"我顺势拉起她伸出的手。

"一个，两个……"我一边向终点迈进，一边数着走过的台阶，每努力一点儿，就会离成功近一些吧。"呼，最后一个！"我鼓足了劲儿，轻松却又郑重地走上了终点。耶！刚开始欢呼，一回身，却又惊得张大了嘴巴，层层叠叠的山脉将我环绕起来，呼啦啦的风吹动了那无垠的绿，仿佛在跳跃，在摇曳，满山的绿在我眼中闪动。长城如一条巨龙卧在起伏的山脉上，那威武的身躯时不时被朦胧的绿所遮掩，蜿蜒地伸向远方。我的心被这壮丽景色所征服，不禁心旷神怡。我伸开双臂，闭起双眼，轻轻踮起脚尖，任凭凉风吹动衣襟，吹走身上的暑热。我嘴角上扬，幻想自己飘在云端，拥抱大地的壮丽景观。站在高处，真是别有一番风景呀！

"啪！"马悦晨拍了我一下，将我从梦幻中拽回了现实。"咱下去吧，导游规定时间了！"一语惊醒梦中人。返回途中，其他人的手都如同吸盘一样死死抓住扶手，一点点向下挪移。不知是享受了成功的喜悦，还是刚刚的景色使我振奋，我的胆子不禁大了起来，拉着马悦晨一路小跑，欢笑声洒了一路，一溜烟儿的工夫就退回了起点。

"不到长城非好汉"，我们来过，付出过，努力过，这就足够了。长城，将会成为我们北京之旅最真切、最难忘的记忆。

熟悉的地方风景更美

范 齐

那个傍晚,天特别闷热。晚饭后,我习惯性地来到村后的池塘边,寻求一份凉爽。

大片大片的荷叶,几乎抢占了整个水面。偶尔能看到一小块"空地",这儿就成了小鱼儿的乐园,它们时不时探出小脑袋吹几个小泡泡,又倏地一下游走了。藏猫猫一样,它们在另两片荷叶的缝隙中"哗啦"一下制造了一片小涟漪,又追逐嬉戏着游向远方……

满塘的荷叶里零星地点缀着亭亭的荷花,它们有的含苞待放,有的灿烂绽放。粉的像婴儿的脸,白的像天上的云。微风拂过,荷花扭动着柔嫩的腰肢,如蝴蝶般在绿色的汪洋中翩翩起舞。远离了外界的喧嚣,远离了尘世的灯红酒绿,荷依然保持着自己淡泊纯洁的品性。"出淤泥而不染,濯清涟而不妖",除了荷花,谁又配得上这样的赞誉呢？

"呼——"风越来越大，荷的舞蹈也由舒缓的慢四变为快三，接着又变成急速的伦巴。看着荷细嫩的茎随着狂风倾斜，真的怕它承受不住，齐腰折断。事实却并非如此。它这一秒弯下去，风稍微一弱，它又顽强地挺立起来，于是映入眼帘的是一片波浪般此起彼伏的壮丽景观。

"吧嗒，吧嗒"，豆大的雨点儿狠狠地砸在荷叶上。细细的茎似乎承受不起这份重量，摇摇晃晃如喝醉了酒。然而荷叶却很不以为意，变魔术般，那些雨点儿就被它变成了一颗颗晶莹的珍珠，在叶面上滚来滚去。继而，小珍珠变成大珍珠。当荷叶无力承受这些珍珠的重量时，就一下子将它们甩入水中，又不亦乐乎地重新玩起造珍珠的游戏……

我忘情地看着满塘的荷，甚至不想去避雨。原来荷的美丽不仅在它的外表，也不仅仅是因为它有出淤泥而不染的高洁情操，还在于它能够勇敢地面对风雨，以和困难做斗争为乐。在熟悉的地方，我看到了不一样的风景。

轨　迹

张伊诺

如果说，飞机飞越天空留下的那道白色弧线是她在空中定向的轨迹，那么幸运的鸟儿顺着它，也可以飞到想去的地方。

可我不是天空，你也不能飞翔。

我不过是狗尾草脚下那混杂着碎石的乡间小路，或许，我注定与火车"咔嚓咔嚓"的旋律无缘。而你，也不过简单得只长着两个轮子罢了。可是，你是快乐的，就好像你不愿走宽阔坚实的路，非要从我身上经过一样。其实你是知道的，石板路上也可以留下你经过的痕迹，只是没有在我身上碾过那样容颜舒展、刻骨铭心的痕迹。

我羡慕你。每当你在我心中留下一道浅浅的印痕，我能感受到你无尽的自由和闲适。阳光透过狗尾草摇曳在我身上，我懒洋洋地伸展肢体，你又忽地出现了。对，就是这样轻轻松松地碾过去，那一瞬我紧张兴奋得屏息凝神又很快神清气爽。

你来时，我张开怀抱，你不来时，我竟拭目期待。你经过时，我总是可以闻到车把脱漆后铁锈的味道，还有轮子上那层溅满泥点儿的橡胶的气味，二者混合竟是说不出的奇妙。更让我欣喜的是，你来前总会发出独特的讯号，那便是一串响脆而活泼的铃音。铃音响处，早有我铺满了落叶和小花。

谁都知道你来过，但唯有我珍视每一次泥泞的轨迹。

朋友，我担心的一天还是来了。那天你是被推着来的，走得好慢，好慢。步履如此沉重，碾过我心头的时候我是那样地疼。当你终于把那道轨迹重重地刻在我身上时，我听到一声长长的叹息。我没来得及去理会那还未褪去的炽痛，你已走了出去。我忽然好想知道，你要去哪里？

我一直以为你无忧无虑，一直以为那越碾越深的轨迹是仅仅属于我的。当我终于在难忍的火辣辣的疼痛和泪水里明白过来时，那声长叹却已经拂过耳畔了。

我以为我懂，懂你的轨迹，记得你来时的路线和离开的方向。可在一声我无法理解的叹息中我突然明白，你的口哨声中也有你的不快乐。

我们就是活在彼此深入浅出的记忆里，一如玫红色的蔷薇之于夏日。

每天进步一点点

林 旭

进步是一件十分快乐的事,哪怕每天只是进步一点点。"每天进步一点点"是一种精神,一种理念。每天进步一点点,收获就在你眼前。

在水族馆,一条重达八百六十公斤的大鲸鱼跃出水面六米多高,为观众表演各种各样的动作。让鲸鱼表演跳出水面将近六点六米的特技,难度之大不言而喻,可聪明的训练师出人意料地做到了这点。那么,他们是如何让硕大无比的鲸鱼身轻如燕呢?

鲸鱼训练师遵循的原则朴实而简单:循序渐进。一开始,他们先把绳子放在水面上,让鲸鱼不得不从绳子上方经过,而鲸鱼每次经过绳子上方,就会得到奖励:会有鱼吃,有人拍拍它,有人和它玩。当鲸鱼从绳子上方通过的次数逐渐多于从下方通过的次数时,训练师就把绳子提高。不过提高的速度必须很慢,这样鲸鱼才不会轻易放弃。那些训练师只凭简单的方法,就达到如此惊人的效果,而鼓励正是他们所坚持的基本原则。

当我们在为鲸鱼那叹为观止的悬空飞跃拍手叫绝时,你可能会以为它背后有个庞大而复杂的系统培训工程。其实没有,就是这么简单。惊人的效果未必要用惊人的手段,朴实无华反倒事半功倍。那么,鲸鱼的故事能给我们什么启迪呢?

"不积跬步,无以至千里;不积小流,无以成江海。"积少成多,聚沙成塔,每天进步一点儿,长期坚持下去,相信我们每一个人都可以有更多的收获。

送你一个微笑

陶湘萌

初春时的公园，泥土散发着清香，阳光穿过树枝和风儿一同摆动，小鱼一摇一摆地钻入了深幽的水草中没了踪影。一阵笑声从不远处传来，一个小女孩儿手里拿着饼干，笑着，跳着，向池中的鱼儿撒下饼干碎末。池中红云般的鱼儿聚成一团，游来跳去。这梦幻般的场景就像仙女拿着花篮，在人间洒下她最甜美的微笑。看着小女孩儿可爱的脸庞，我记忆的大门缓缓打开，心中的暖意也慢慢呈现。

记得那个夜晚，乌云密布，风儿在狂吼，树儿好不容易在风中稳住自己的主干，几朵才开的小花被硕大的雨点儿打斜了身子。雨越来越大了，我加快了速度，顺着灯光奋力向前奔去。忽然，有急促的脚步声由远而近跑过来。哦，原来是妈妈撑着伞来接我了，她说："知道你没带伞，赶紧回家吧。"接着妈妈又拍拍我身上的雨水，冲我温和地笑了笑。那一瞬间我很感动，我也笑了。

那种来自生活中的感动和无私亲情融在了一起。此刻，我也想送你们一个微笑。

床前明月光

张 瑶

夕阳西下，明月东升。我坐于床前，看着那一缕银色月光照进房间，洒在床上，我凝望着残月，故乡，还好吗？

我的故乡是一个偏僻的小山村，那里的人们朴实而勤劳。他们几乎世世代代面朝黄土背朝天，认真而重复地劳动着。

故乡的李大婶还好吗？大婶，我想你种的玉米了。每到玉米成熟的季节，一棵棵玉米秆带着自己丰硕的果实骄傲地立在田间，一阵风吹过，玉米们点点头，分享着彼此成功的喜悦。而这时，你总是分一些给我家。那用农家肥养出的玉米金黄金黄的，颗粒饱满。煮好后的玉米甘甜爽口，就像大婶的心一般甜蜜美好，吃到嘴里甜到心里。今年，我是吃不到玉米了。

故乡的玩伴们还好吗？三毛，我想和你一起掏鸟蛋。每到麻雀们生完蛋的时候，你总是拉着我，和我去抓雏雀。你每次都能抓到最好的"枣木头"，又总是把最好的留给我。可不知怎么回事，我总是养不好，那最机灵的小雏雀过不了几天就会在我的惋惜中死去；而你，总是能养上好几个月，你说会教我养雏雀的。如果哪年回家，你会带我去掏鸟蛋、教我怎样养雏雀吗？今年，我是回不去了。

故乡的果园子还好吗？我想和伙伴们一起再去摘果子，吃果子，再在树荫底下打几个滚。可今年，我不能回去了。

故乡的一切还好吗？

明月依旧挂在天上，散发出冷冷的光。愿它能够载着我的情思，把思念之光，洒遍故乡的大地。

冬天不再寒冷

国瑾怿

不知什么原因，一向寒假不爱出门的我，突发奇想，要出门去欣赏那些来自天上的"天使"们。于是，穿上厚厚的衣服就出发了。

刚走下楼，一阵寒气就扑面而来，但我却没有想回去的念头，在同一秒中引出的，是阵阵的惊喜。瞧！房檐下，走廊边，都有大大小小的雪人，不知是谁的杰作。

突然，一个小女孩儿的背影进入了我的视线，一身粉色的小洋装裙，外面披了一件长长的围巾，手套明明拿着，却将它们独自晾在了花台边。只是那一双通红通红的小手中，紧紧地握着一些我不认识的东西。

这时，好奇心开始蠢蠢欲动了，于是，我走了过去，静静地在她的身边凝视着。忽然她转过头来，大大的眼睛中流露出了一丝诧异的目光，接着，双颊就扑上了一阵绯红。我微微一笑，抱歉地说："对不起，小妹妹，我只是看到你忙活着什么，双腿就不由自主地走了过来。"她的脸又微微地泛起了红光，沉默了几秒之后，似乎明白了我的来意，露出了洁白的牙齿，笑眯眯地说："姐姐，我是在给这些梅花盖'被子'呢！""啊？被子？"我很吃惊，不知该说什么好。那女孩儿见我这副表情，大眼睛又继续充满了笑意。她走到我的身边，轻轻地拉起我的手，说："对啊！是被子！用雪花给她们做被子，盖上那些雪花儿，她们就不会再冷了！"那一刻，我突然明白了她手中紧攥的东西是什么了；那一刻，我感到一股暖流，正通过我的手掌流进我的心里……

是啊，给她们盖上被子，她们就不冷了！多么富有童趣的话语啊，虽然质朴无华，但在这句话的深处，隐藏着一颗饱含爱的心灵。

这一刻，冬天不再寒冷，开始变得温暖；这一刻，冬天里不再只有梅花独自绽放了；这一刻，一朵包含了世界上最无瑕、最纯洁的爱的花苞儿，正在悄然盛开……

人生的作业

徐志远

周日吃完午饭，我匆匆看了一眼奶奶。她独自坐在院子里盯着花儿发呆，我知道她又在想爷爷了。刚准备走进院子陪陪奶奶，想到那一大堆的作业，照例喊了一声："奶奶，我写作业了，有什么事儿就叫我。"我便折回房间继续奋斗了。

正为一道数学题纠结的时候，我忽然听见敲门声，抬头一看是奶奶。"轩，我出去透透气。"八十多岁的奶奶很少一个人出去，我有些不放心，"奶奶，您就在院子里转转吧，要不然爸妈会担心的。""不碍事，我就在小区里走走。"我看到奶奶的眼眸里闪过一抹伤痛，又带有一丝恳求的神情，只好妥协，"那您别走远了。"奶奶连声应着，笑着出了门。而我又一头扎进了我的作业世界里。

写完作业，伸了个懒腰，一看表都五点了，奶奶怎么还没回来？我拿起钥匙就出门了。

我在小区里焦急地走着，四处张望，眼光扫过每一张老人的脸，却没看到奶奶。"唉，怎么办？要不是作业太多，决不会让奶奶一个人出门。"我心中懊恼着，继续寻找。

忽然瞥到桥上有一抹熟悉的身影，我眯起有些近视的眼睛使劲儿地瞄着，果然是奶奶。她慢慢走近，背有些佝偻，一根爷爷曾用过的拐杖支撑着她颤巍巍的双腿。她渐渐模糊的身影竟与爷爷的形象有些重叠，我拭去眼中弥漫着的水雾，赶忙跑上前去搀扶她。奶奶看到我很惊喜，摇动着手里的糖葫芦，"看，宝贝，你最喜欢的。"我接过糖葫芦剥开纸就咬了一颗，"真甜！"奶奶写满沧桑的脸上漾着浓浓的笑意。冰糖化开，我忽然觉得嘴里从未有过的酸，掠过鼻头，酸得我只想掉眼泪，最后一直酸到心底。

我搀扶着奶奶，慢慢往回走，她渐渐把重量压在我的胳臂上，我很开心能成为她信任的"拐杖"。紧紧地握着她有些粗糙却温暖的手，我蓦然有了一种责任感。我拿出面纸给她擦去汗渍，并且把自己的身板挺得更直，更有劲儿，让奶奶更放心地依靠。

从那次以后，即使有再多作业，我都要抽点儿时间陪奶奶散散步、聊聊天，让奶奶开心。

关心照顾好老人，多承担一份责任，难道不是人生中最重要、最容不得出错的一份作业吗？

槐树花在飘香

毛 迪

又是一个槐树花飘香的季节,那一簇簇、一串串槐树花点缀在茂密的绿叶间,白得耀眼,香得热闹,整座小城都沉浸在这沁人心脾的清香中了。亲爱的朋友,在外地的你也能闻得到家乡的这抹清香吗?

槐树花,一串串,雪莹莹,亮晶晶。一朵朵槐花就像一只只小小的酒杯,盛满了甜蜜的甘露。远远望去,好似笼罩在洁白的云层里,花香四溢,引来了一群群辛勤的蜜蜂,酿造出生活的美。我和我的朋友就在这俏丽、清雅的槐花下,谈我们的理想。我还记得,你说:"我长大要当一名歌手,创作自己的音乐。你呢?""我想做一名画家,描绘这素朴淡雅、如雪似玉的槐花。""那我就为我们的友情歌唱,我们一起加油吧。"我们笑了起来,笑声同树叶的沙沙声融汇在一起。

槐树花，一串串，雪莹莹，亮晶晶。鲜绿的槐叶映衬着乳白色的花朵，一嘟噜一嘟噜地挂满树冠，簇簇相依，朵朵相偎，潇洒自然，晶莹欲滴。花的样子总让我想起，在树下，我伤心难过时，你安慰我道："槐花虽然没有'已是悬崖百丈冰，犹有花枝俏'的梅花报春的本事，也没有'春色满园关不住，一枝红杏出墙来'的红杏争春的傲劲儿，可它朴实淡雅，且香溢人世。你要学习槐花，脚踏实地，终有一天，你会成功的。"我破涕为笑。

槐树花，一串串，雪莹莹，亮晶晶。它像一串串玉石明珠倒垂着，诱人醉，让人痴，使人迷，叫人爱。临近中考之际，你家搬到了外地。只有我独自走在槐花下，浓郁的花香突然倾泻下来把我淹没了。

槐树花又开了，开得依然那样洁白、晶莹、清香，让人仿佛置身于梦境中，那就让开着花的梦恒久比天长。

槐花飘香，人却天各一方，寻觅友情，宛在水中央。

微笑面对生活

福利院之行

李泓仪

我们来到福利院,福利院的孩子们围拢过来,一双双好奇的眼睛看着我们。从未经历过苦难,娇生惯养的我们,更多的是惊奇。

我们表演事先排练好的节目,第一组、第二组、第三组……同学们表演得十分精彩,我却无心欣赏,只是留意到最里边有个女孩儿,与我一般年纪。她脸上多的是冷漠、满不在乎的神情,热烈的掌声,丝毫不能让她兴奋,她只是呆呆地坐在那里。表演结束了,老师让我们自己找一个福利院的小朋友交流。这时,我和几个同学走到了她身边,她似乎没有察觉。我轻轻弯下身,并没有与她讲话,是同学先开了口,"和我们一起玩,好吗?"她摇摇头,是那么冷淡。"为什么?"同学们尽量显得十分温柔。她漠然地看着我们。同学们继续和她说着话,她只是回避与冷漠。为什么会是这样？也许她以为她和我们不一样。她从来没有享受过温暖吗？

最后离开时，郑思彤哭了，她说我们现在的生活是那么美好，又有谁珍惜？这次福利院之行，让我真切地感受到，我们要珍惜现在的美好生活。我也希望社会各界爱心人士多帮助福利院的孩子，经常为他们送去温暖，让他们也和我们一样健康快乐地成长。

我的悔过书

董雯雯

我是变幻莫测的雨，有功也有过。人们每每谈起我的时候，总是带着极为复杂的感情，我对此也无可奈何。不过，对于自己的过失，我毫不掩饰地承认，且时时刻刻在心底忏悔。

我做过很多好事，这是有口皆碑的。不过，我也做过很多坏事，这也是不可否认的事实。

有时候，我是吝啬的。在干旱少雨的时候，大地干裂，万物萧条，我成了人们热切盼望的天使。为了能够求得我的如期而至，人们想尽了各种办法，用尽天下最美丽的词汇来歌咏我，甚至就连耄耋老人也参与进来了。他们希望我能够可怜可怜天下苍生，普降甘霖，哪怕下上一点点救命的雨水也行。可不知怎的，或许是受了天气的影响，我变得无动于衷，竟然不肯施舍点滴的雨露。囊中羞涩自然也是一部分原因，可也不至于一毛不拔吧，我却样做了。

忘不了那悲惨的一幕幕，就是因为我的过错，使得很多地方的水源缺乏，并由此出现了严重断水。这样一来，农民辛辛苦苦种植的庄稼，浇不上水的就只能眼睁睁地旱死，生生地剥夺了他们一年来的口粮。为此，农人们千万次地诅咒我，忌恨我，唾骂我。如果这样，能够消除人们的怒气的话，我就静静地听你们的血泪控诉，也好让双方心里都好受些。

有时候，我又是无情的。当我经过无数次的悔恨过后，便抓住一切有利时机，希望能够补救曾经犯下的过错，慰藉一下人们受伤的心灵。于是，我在各种条件都具备的情况下，就想着久旱的大地迫切地需要"甘霖"，所以，一旦下起来，又无法刹车了。真想不到，每日里"淫雨霏霏，连月不开"，我又成了洪涝灾害的罪魁祸首，给人们带来诸多不便。

就因为我的任性泛滥，冲毁了桥梁、农田，淹没了人们世世代代居住的家园，给人们带来了无穷的灾祸。人们只好垒坝筑堤，来防范我。

朋友们，面对自己的失控行为，我无地自容。我真希望能够年年风调雨顺，让人们的生活更美好。

争渡，怎渡

李俊红

争渡？怎渡？若乘一叶扁舟，我愿手执一捧古卷，流连于清幽之境，争一个古韵悠长。

记忆自此追溯至几年前的一天。那是一堂别开生面的语文课，微微的暖风夹着花香吹进了课堂。陈老师习惯性地推了推鼻梁上的眼镜，故作神秘地说："同学们，若乘一叶扁舟独自旅行，你们会携带哪一样物品呢？"同学们仿佛一下子炸开了锅，众说纷纭，电脑、手机、游戏机、音乐播放器、钱等，应有尽有。我微微笑答："若乘一叶扁舟，我愿手执一捧古卷。培根先生说过，知识就是力量。读书可以让我们浑身充满了一股力量，这种力量可以激励着我们不断地前进，不断地成长。广泛涉猎各种书籍，我们可以发现自己身上的不足，不断地改正错误，摆正自己前进的方向，正所谓，书中自有黄金屋，书中自有颜如玉，书中自有万物。"这一番肺腑之言赢得了同学们的一阵掌声。

一本娴静淡雅的书使人宁静致远；一卷古韵悠长的书使人流连忘返；一段跌宕起伏的情节扣人心弦……一本好书可以令人读很多遍还兴趣盎然，"读书百遍，其义自见"，孔圣人提倡读书要温故而知新，每次读书，都能有不同的见解，每次都会发现不同的含义，多读或与人交流也是不可或缺的。把书中的佳词妙语摘抄下来，给喜爱的诗词文章写上自己的见解，在有感而发时让思绪立于笔尖……这些平时养成的好习惯让我在写作时得心应手。

昔日吴下阿蒙"三日不见，当刮目相看"，以自己的才干、谋略赢得了敬重。而王安石笔下的神童方仲永，"父利其然也，日扳仲永环谒于邑人，不使学"，最终成为一个平凡之人。所以，若乘一叶扁舟，我愿手执书卷。

我向往着一份诗意，向往着江南小镇的黛瓦红墙，向往着在雨巷中遇着那撑着油纸伞的姑娘，向往书中的世界。

怎渡？我愿手执一卷，尽情遨游……

我在花间彷徨

董 刚

清明四月,雨丝纷纷,茶花落了满地,却惹了那些花开……

樱花,小巧的花瓣透着可爱,风一掠过,纷纷扬扬地飘落,像极了天女散花;撒到河中,随波逐流,直到尽头,密密麻麻汇到了一块,河流也被染成了白色和粉色相间。树上的樱花更美了,也是相互簇拥,阳光透过缝隙一丝一缕地撒下,仿佛比夜空中的星星更耀眼。花前日下,透着一种清新脱俗,夹在阳光中,撒在我身上!

兰陵美酒郁金香,玉碗盛来琥珀光。但使主人能醉客,不知何处是他乡。在植物园中,郁金香同样是不可忽视的。

红色的郁金香,热烈,像极了热情奔放的少数民族女孩儿;黄色的郁金香,高雅,像媚行的女子悠然张开宽大的流云袖；紫色的郁金香，圣洁，像仙女的化身，待到群花灿烂时，她在丛中笑；绿色的郁金香，单纯，像未经尘世污染过的婴孩儿，拥有纯净美好的灵魂。每片花瓣都那样饱满，让人忍不住俯首，一睹芳容。

半卷湘帘半掩门，碾冰为土玉为盆。偷来梨蕊三分白，借得梅花一缕魂。海棠，谦逊质朴，温和美丽。

在园中，海棠似乎不那么引人注目，却还是努力地绽放着。有游人误以为是樱花，同行的姐姐是惜花之人，介绍说是海棠，俏丽地开放，快乐地成长，别有一番超凡脱俗。亭亭净植的树干，满树的花儿，待到秋季果实成熟，富含的营养成分是很高的。

闲折二枝持在手，细看不似人间有。花中此物是西施，芙蓉芍药皆嫫母。回来的路上，各色杜鹃，漫山遍野。

杜鹃较之樱花要大得多了，作为长沙市市花，随处可见。她美丽而成熟。她不选择生长环境，在艰苦的绝壁断崖中，亦能开得灿烂，随遇而安，她不似别的花那样娇贵，较之精神品质，也不输梅兰菊竹。她在清新中，带几分妩媚，若弱柳扶风，亦坚忍不拔。她，不愧是三大花之首。

花，亦有这么多优秀品质，让我们拥抱自然，不再深院锁清秋，尽情绽放在这个春天！

童年记忆

尤彩虹

张开五指,阳光从指缝中射入,直接照亮我心里珍藏已久的童年记忆。

童年,是孩子们挥洒天性,浪漫纯真的时光,让我乐此不疲。

抬头,蓝黑的夜,是谁?不小心泼洒了墨水。苍茫的夜,繁星闪烁。待几颗流星划过夜空,随之一阵爽朗的笑声,打破了寂静。我和闺蜜们相约墨色的夜空下,骑着双人单车行走于美丽的校园,我张开双臂,与清风拥抱着,任它舞着发丝。车上的我们尽情嬉笑,清晰记得与我们同行的另一辆车掉了链子,我们车上是些只顾享受迷人夏夜的"负心人",骑出百余米后环顾四周,才发现后面的车没了。"不会掉井里了吧?""不管他,继续骑我们的车。"从此,我们几个"狐朋狗友"有了个外号——"没良心"集团。

童年,是一幅迷人的山水画,勾勒长江黄河的美丽富饶,是一支婉转悠扬的长笛,奏出高山流水的不朽乐章。

艳阳高照的天空,川流不息的人群,多么和谐融洽!空气中弥漫着的热闹气氛与风中的暖流纵横交错着,让出来旅游的人们热汗淋漓。曾经流连于"跨峻岭、穿草原、横瀚海、经绝壁"的万里长城,也曾埋首于"帝苑豪华造,皇家气派倾。辉煌中国宝,灿烂世文明"的故宫一整天。虽然年纪小,却见识过"一览众山小"的五岳之首泰山,也到天涯海角的海底潜过水,记得那一年,我才九岁。每年的寒暑假,父母都会带着我行"万里路",我多么庆幸,生活在一个富强和谐的年代。

童年,是一束绚丽的茉莉,散发出迷人浓烈的芳香,谁也无法忘怀那些糗事连连的岁月。

蔚蓝的天,白云是那么的近,青色的山,绿叶是那么的纯净,后院大片的竹林,郁郁葱葱,这是乡村才有的风景啊!风景虽好,却没有什么好玩的,忽然想起电视剧中伏羲做烤鱼的情节,于是乎,约来大我一个月的表姐,也学着做起来。从爷爷家里偷偷拿出一条巴掌大的小鲫鱼,放鱼塘里洗了洗,抹了些盐,然后学着伏羲抹上厚厚一层烂泥,在路边一个洞穴里点上小树枝烤起鱼来,一阵烟熏火燎之后,这泥巴是泥巴,鱼也是泥巴,焦煳的哪还能吃!哈,这远古的人,太能折腾了!

蓦然回首,童年那一抹美好,才是永恒的记忆,那时的山水,那时的阳光,那时的你我,那时的糗事……早已经变得美好又温馨!

心中盛满欢喜

王晨伊

世间万物，皆有因果，但有时却并不一定非要求得到一个答案。

你看窗外明艳娇美的黄菊，今日想要开放了，便伸个懒腰，抖落重重叠叠金丝般的花瓣，绽开洒脱不羁的笑颜，引得秋风也驻足流连。你瞧桌角温暖轻柔的阳光，突然变得淘气了，悄悄地缠上我的笔，又一不小心跌倒，洒落了一本子和煦的暖意。你听林间娇俏可人的莺儿，心里舒畅了，便对着蓝蓝的天空，唱出清丽委婉的小曲儿，醉了整片喧闹的密林。

所有如这般美好的时光，为什么非要有个因果呢？每一件温暖却无厘头的小事，几乎拼接成了我们生命中所有的欢乐和感动。

像是你扶住同桌因抽书而快要打翻的杯子，她帮我拍掉校服上的粉笔灰……

　　这一切之所以存在，发生，都没有一个像是理化题一样的标准答案，但又总有一种莫名的感觉，觉得这样的事情，实在是再正常、再合理不过了。

　　这大概就是生活之所以美好，令人向往的地方吧。只一个浅浅的微笑，都会种下温暖人心的光源，持续不断地照耀着，焐热那些冰封已久的心。

　　如果说一定要为这些美好找一个缘由的话，那么大概，是因为我们心中都盛着满满的欢喜吧。因为喜欢生活，喜欢清晨第一缕阳光，所以有时那些欢喜一不小心洒出来，就把四周的一切，渲染成了最美好的样子。或许这便是生活的答案吧。

蝴 蝶 选 美

朱梦琪

有一次，森林里要举行蝴蝶选美大赛，各地的蝴蝶们听到这个消息后，都争先恐后地前来报名。

比赛的日子一天天近了，蝴蝶们都在精心打扮自己。有的蝴蝶给自己头上戴一些花环，变成"花蝶"；有的蝴蝶把自己的翅膀染上颜色，变成"彩蝶"；而有的蝴蝶在自己的身上洒些香水，变成"香蝶"……

一只不起眼的小蝴蝶听到这个消息后，也赶着去报名。它不畏路途的遥远与艰辛，一直飞呀、飞呀……有一天，它看见一个老奶奶正在河边失声痛哭，它连忙飞过去询问缘由，原来老奶奶的孙子得了一种怪病，需要一种灵芝仙草才能救活。可这种草十分罕见。就在小蝴蝶为老奶奶孙子的遭遇而感到伤心时，脑海里不经意闪过一个念头：我去帮老奶奶采灵芝草吧！就这样，它与老奶奶告别后，翻过一座又一座的山，越过一条又一条的河，功夫不负有心人，它找到了灵芝草！它高兴地带着仙草飞回了老奶奶的家中，老奶奶的孙子喝下用灵芝草熬的药后，果然就痊愈了。

小蝴蝶看到老奶奶的孙子病好了，就高高兴兴地参加选美大赛去了。时间过得真快，选美大赛已经拉开了序幕，选手们在台上尽情地表演着，观众们在台下为它们加油、鼓掌，而评委们则在认真仔细地点评着每一位选手。紧张的时刻就要来临了，在评委宣布结果时，意想不到的事情发生了，台上出现了两个人，他们就是被小蝴蝶救了的小男孩儿和他的奶奶，他们讲起了小蝴蝶无私帮助小男孩儿的经过，大家听得入了迷，都投票支持这只无名的小蝴蝶。

最后大家一致决定，冠军属于这只心灵最美的小蝴蝶！

落在记忆中的画面

刘紫欣

下雨天,"滴答滴答",老家的瓦房在唱歌。

我拧着眉头望着老屋那疲惫不堪的样子,好像随时都会倒塌下来,我闭上了眼睛。

"爷爷,我们什么时候住上楼房啊?""快了,下半年就能住上新房了。""真的吗?""当然了。"爷爷慈爱地抚摸着我的长发。

我开心地笑了,微笑中闪现着楼房的影子。

"爷爷,盖楼房时,瓦房一定要拆吗?"

"要。"爷爷的话把我带入了沉思,真的一定要拆?我仔细地打量着老屋的周围。老屋旁边还有一截不是很高的土墙,我和小伙伴们童年的回忆都收藏在墙角,上面还有我和小伙伴的亲笔签名呢!土墙上还画着一条条痕迹,那是我长高的记录。屋前的梧桐树高大碧绿,我和小伙伴常常在树下荡秋千；屋后的竹林青翠茂密，我和小伙伴常常在林中捉迷藏。回想起来，不觉空气中荡漾着我们天真的欢笑……

我眯起双眼，笑容又爬上了我的脸庞。童年在梦中开花，回忆在阳光中闪烁。

老屋那暗红色的瓦片在阳光下闪着温柔的光，粉红色的光圈在空气中不断扩大，让人倍感温馨。那高高翘起的屋檐撑起了前后两片不同的天地，前面是梧桐，后面则是一片竹林。阳光透过竹叶，犹如碎银洒地，好一幅唯美的画！

如今我早已住上了梦寐以求的楼房，早上睁开眼睛迎接第一缕阳光，都会被眼前的新家所吸引：雪白的墙壁、华丽的灯盏、崭新的家具……什么都是美的，可我却高兴不起来，甚至想哭。土墙平了，梧桐倒了，竹林毁了……

日升日落，那落在记忆中的画面犹如莲花般开落。老家的瓦屋在阳光下的姿态，让我感到温暖和幸福。如果现在还有梧桐掩映着楼房，还有竹林环抱着人家，那该多好啊！

春草芊芊

赵芊梅

春风轻拂,小草纷纷从土里探出头来,嫩嫩的,绿绿的。我的心也像芊芊青草,一天比一天长得茂盛。

我最近心情很不好。每当看到身边的好朋友一个个长高,可我自己还是按兵不动,好像一片大树下的一棵小草,就不免心烦意乱,担心自己这辈子只能做个矮子。

当爸爸妈妈一看见别人家的孩子年龄比我小、个子却比我高时,眼睛就放亮,不停地在我面前大加称赞:"你看人家长得多壮啊!看你瘦不拉叽的,像一棵瘦弱的小草一样,你什么时候才能长成那样啊?"

叹息之余,爸爸给我买回一大堆补品,什么成长钙片和维生素C片……特别是吃饭时,妈妈总是一个劲儿地往我碗里夹菜,以致饭菜都堆成了一座小山,口里还不停地催促:"芊,你一定要多吃点儿,这样才能长壮点儿呀！"听得我耳朵都长出老茧来了！

　　为了达到他们的期望，我开始了我的增高之路，有空就打羽毛球、练舞蹈，汗是出了一身又一身，可我这个子，就是不见长啊！

　　爸爸妈妈更犯愁了，他们决定对我采用"非常训练法"。每次，我趴在沙发上看电视的时候，妈妈就会将我的腿左拉拉，右拉拉，这提提，那揉揉。她还振振有词地说："这是按摩，有利于长个子！"

　　有一天，我从书本上看到一段文字："青春期的来临有早有晚，当你在为自己没有发育而苦恼时，你身体中的一切可能都做好了准备，它会像海啸一样突然出现，让你措手不及。"我兴奋地将这句话念给妈妈听，可妈妈却说："话虽这么说，可谁知道你长大后是什么样，我对你的期望是一米七，一米七呀！"

　　看着妈妈爱怜中透着焦虑的目光，我只有用语言来安慰了，"妈妈您也别太着急了，就算个子不高也不一定将来没有出息啊！您看人家邓亚萍个子不高，不也成了乒乓球名将吗？个子矮其实并没有什么，只要不是思想和行动的矮子就行了，一个人外在的美固然重要，但内在的美才是最重要的呢！"

　　妈妈笑了。

　　看着门前芊芊青草一片碧绿，我的心不再烦恼。

欢乐谷游记

廉思奇

早就听说北京欢乐谷里有许多刺激好玩的东西，今年夏天，我有幸参加了北京夏令营，并在欢乐谷里好好体验了一把。

那天阳光明媚，一路上，我们坐的大巴变成了一条不断向前奔腾的欢乐的大河，载着我们每一个同学的期盼。

终于到目的地了！我们五人一组的小团队犹如一群快乐的小鸟一样涌进了欢乐谷，有人提议先玩"X战车"。看看眼前的战车，我不禁打了一个冷战，这也太给力了吧！那坐在顶上的人都是倒着的啊！而且要转那么多圈儿。在同学们的簇拥下，我战战兢兢地走了上去，手心里全是汗。工作人员说："我们的游戏马上开始！我给大家调了一个刺激点儿的模式，请同学们做好心理准备。"什么？刺激模式？大家都惊呼起来！第一圈我们就被送到了顶上,我感觉有点儿不适,好像整个人都要向下坠,我吓得大叫起来。几圈下来,我渐渐适应了那种感觉,尽量闭着眼睛享受旋转带来的快乐。

接着,我们来到了"激流勇进"的场地,这边队伍排得就像一条长龙,我们随着人流慢慢向前蠕动。在排队的空当,我们也没闲着,而是在夏令营老师的组织下玩起了捉人游戏,谁被捉住了,就为大家唱歌,我们的歌声也引来四周游人的一片掌声。

轮到我们上船了,穿好雨衣,小船拖着我们驶上一个陡坡,正当我像英雄傲视天下般欣欣然时,船头猛地向下冲去,溅起了二十多米的水花。紧接着船又转过一个弯,抬头一看,心头又是一惊,这个坡更大,中间一段几乎成了直角,船上的我们一阵惊呼。"这个不会把我们甩飞吧?"我心里嘀咕着。还没等反应过来,船就飞速地向下冲去,我感觉有一股气流压得我喘不过气来,两秒不到,船就"跌"了下去。全船的人一阵惊呼。等我回过神来,发现身上的雨衣不见了,我淋成了一只落汤鸡。哦,多么惊险又欢乐的游戏啊!

随后我们还玩了摩天轮、大转盘、丛林狩猎等游戏,欢乐谷的每个角落都留下了我们的欢笑声。

欢乐谷一游,在体会紧张刺激的同时,我拥有了战胜困难的勇气。通过这次体验,我觉得今后遇到什么困难,我都会勇往直前,无所畏惧。

雪 之 歌

陈薛强

　　雨丝中夹杂着雪花，旋转，飞舞，形单影只地飘落，轻柔地拥抱大地。雪，似乎并不满足于这狭小的空间。不一会儿，雪那轻盈的身体占据了所有的主题世界，它如孩童般淘气地抚过我的眉颊，轻轻飞舞。它无拘无束地笑着，或躲在褐色树干上，或隐于灰色屋檐边，它掩盖了黯淡的一切，只留下漫山遍野的晶莹。

　　雪惧怕春天，可它又不得不迎接明媚的春光。就像我们在向往永恒，追求完美的人生过程中，必须经历失去，经历挫败，才会成长。

　　雪后的大地披上了银装，宛如纯洁的水晶世界，一切都处于朦胧之中，如诗如梦般美妙。置身于其中的我，仿佛进入了仙界。不久，太阳出来了，微风吹拂着，雪絮随风飘舞，落在我的脸上、身上，好清凉。草丛里，不知是谁家的孩子堆成的可爱漂亮的雪人已经开始融化了,用鹅卵石做成的眼睛也快掉下来了……

我不停地用地上还未融化的积雪填补着消融的雪人。可是无论我如何去填补雪人,它还是在一点点地融化,地上的积雪也在融化。原来,美好事物的结局并不一定都是完美的。让我们永远记住雪在寒风中飞舞的潇洒景象,享受这美好的过程吧。

微笑着面对生活

刘 丹

朋友，你曾因生活中的一些琐事而愤愤不平吗？你曾因没有在众人的目光中脱颖而出而忧伤自卑吗？你曾因屡屡与鲜花和掌声擦肩过而止步不前吗？你又是否曾因人生满路荆棘与坎坷而胆怯退缩呢？

那么，从此刻起，请学会敞开心怀，放平心态，去拥抱生活，去创造生活。让我们把握住每一个今天，让我们用全部的热忱，去唤醒明天！因为只有微笑着面对生活的人，才活得轻松，活得快乐，活得惬意，活得坦然；只有微笑着面对生活的人，才是生活的智者，人生的勇者！

"葡萄美酒夜光杯，欲饮琵琶马上催。醉卧沙场君莫笑，古来征战几人回？"是的，生活亦是一个战场，等待着你去拼搏与厮杀，只要意志坚定，勇往直前，便可以人戟合一，万夫莫敌，成功与胜利也将微笑着热情地向你招手。人生，活得这样激情满怀，潇潇洒洒不好吗？

"采菊东篱下，悠然见南山。"是的，生活也是一片田园，一片如诗如画的田园。在当今社会生活中，在时时忙碌与盲目追求的现实中，人们脸上已渐渐失去了微笑，取而代之的是愁眉不展，是面无表情，是冷嘲热讽，是冷笑，是苦笑，是讥笑，是龇牙咧嘴的大笑。甚至，人们已不懂得如何去微笑。但无可否认的是，每个人都需要微笑，微笑能把如山的困难推倒；微笑能把丢失的自信重找；微笑能帮助人发现更加真实的自我；微笑能启迪人追求更加美好的生活。人生，活得这样悠然自得、无拘无束，难道不好吗？

"明月几时有？把酒问青天。不知天上宫阙，今夕是何年？"是呀，生活就是把酒临风，生活就是对月当歌，何必因生活中的几个困难、几件小事而破坏了微笑的雅兴？何必因琐事缠身以及世俗的羁绊而愁眉苦脸、难以自拔呢？何必因一时的挫折而终身不前？何必因一次的败绩而频生白发呢？请相信"天生我材必有用，千金散尽还复来"，请相信"苦心人，天不负"，请相信"有志者，事竟成"，请相信"长风破浪会有时，直挂云帆济沧海"。也请相信，微笑是心灵和生活的最佳药剂。爱迪生不就是从每次的挫折中微笑着成为举世闻名的科学家吗？牛顿不就是从众人的嘲讽中微笑着迎来赞赏吗？爱因斯坦不就是从鄙视的目光中微笑着走向智慧与成功的彼岸吗？他们不都是以微笑成就自我，成就事业的吗？

雨果曾经说过这样一句话："生活，就是理解。生活，就是面对现实微笑，就是越过障碍注视将来。"

那就让我们微笑着面对生活，携手共进，共创美好的未来！

成长的姿势

——《再见,钢琴》读后感

黄梦凡

《再见,钢琴》这本书讲述了一个叫皮卡的男孩儿的成长故事。

皮卡到了上幼儿园的年龄,爸爸妈妈接他回到北京。北京的日子是美好的,皮卡可以和杜夏老师一起疯。北京的日子也是忧愁的,皮卡开始睡自己的单人床,虽然他十分怀念在乡下和奶奶姑姑一起睡在大炕上的日子;跟别的城里孩子一样,皮卡也要被逼着学钢琴,不过他也不是那么讨厌,因为皮卡遇到一个钢琴弹得很好又对他很好的女孩儿絮絮。他愿意为了絮絮而去学琴,可是后来由于家庭原因絮絮离开了,皮卡也就跟钢琴说再见了。

皮卡歪歪扭扭地走过来,成长起来,那也是你我走路的样子，成长的姿势。

　　小孩子们用清纯的目光看世界。可是对他们来说，世界实在是太复杂了，他们迷惘，不知所措，一时明白不了这个世界，但涉世之初的小孩子们终究还是在懵懂中成长了起来。记得儿时的我觉得弹钢琴的女孩子很美，就开始学钢琴，可是没有多久，便厌倦了弹钢琴，于是，我想方设法地偷懒，还跟妈妈说自己再也不学钢琴了，可是根本没用，那时的妈妈早已铁了心要我学。记得考级那年，炎炎夏日，我不能够像其他的小朋友一样自由自在地玩水，而是要坐在琴凳上一弹几个小时，稍事休息，挥挥汗水，又要弹，那时仿佛钢琴成了我生命中唯一的内容，百般无奈。如今，我已经长成了一个少女，想起以前学琴的日子，好笑之余又很怀念。钢琴藏有我许多的成长故事，其中的酸甜苦辣、喜怒哀乐让我无法忘怀。

　　也许童年生活犹如一杯茶，刚开始觉得涩涩的，但如果再去细细品尝，就会品味到一份清新，一份甘甜……

平 凡 独 美

——《岩石上的王》读后感

卢师师

《岩石上的王》节选自曹文轩的长篇小说，其中我最喜欢的角色是牧羊娃——茫。

茫是一个无拘无束的孩子，自小就跟着有学识的舅舅，听他说哲理，跟他识千字，最后舅舅送给他一群羊，这样，一个王便要诞生了……

茫跟他的羊在山间无拘无束地行走着，他偶然间看到了一本书，出于孩子的好奇心，茫拿起了那本书并成了书的主人。

被熄统治的世界民不聊生，那本神奇的书却在一天天变化。一天，出现了一个跟书上长得一模一样的人，激动地看着茫，因为茫将会是那个推翻熄黑魔法的新时代的王。能够推翻力量强大的黑魔法统治的人，竟然是一个小小的、不起眼的放羊娃！

这就印证了那句话，再平凡的人也有自己的闪光点。平凡，不会是羁绊，藏在平凡背后的，也许是一颗闪烁的拥有万丈光芒的星星。

别看茫只是一个放羊娃，但他有着洁净无瑕的心灵。他最喜欢听哲理，他认为大自然间最为神奇的便是哲理，正因为他理解，他喜欢，所以他的灵魂必定受到哲理的净化，这让茫成了救世主。

那些因为自己平凡而感到气馁的人，不要灰心，找到自己的闪光点，你也可以成为耀眼的星星。

平凡独美。

永远执着的美丽

——读《狼王梦》有感

易丹晨

我静静地倚在窗前,仰望满天星辰。闪闪的星星里,好像藏着许多的梦想。那些扑朔迷离的梦想,在无数个夜晚中,熠熠生辉。低头凝望着手中的《狼王梦》,想起了沈石溪先生梦里的美丽母狼,母狼永恒的梦里是英姿飒爽的狼王。

母狼紫岚虽然健美动人,但它的遭遇却十分不幸,她在怀孕时失去了自己将要成为狼王的丈夫,只能忍辱负重地活着。为达成丈夫未了的心愿,她要把自己的后代培养成狼王。在残酷的现实面前,她一次次失败,她的儿子——四只小公狼也相继死去。最后,她只能把希望寄托在狼孙身上。在狼孙呱呱坠地的那一刻,它与对狼孙构成威胁的金雕同归于尽。

想着紫岚，想着她的悲惨命运，我情不自禁地潸然泪下。紫岚的这种执着与坚持，深深地打动了我，原本以为只在人类中才存在着的坚毅品质，在这位狼妈妈的身上也存在着。她为了夺回丈夫黑桑生前赢得的位置——狼王宝座，为实现她培养狼王竞争者的目标而坚定不移，努力奋斗。在理想即将实现，随之又肥皂泡般破灭之时，它痛苦过，却没有一点点的犹豫。在失去一个又一个孩子之时，她那充满母爱的心碎了，但她培养狼王的的信心依旧坚定，它用自己的生命给狼孙的安全做了铺垫，带着这个认定的目标，坦然面对死亡，发出最后的一搏，她是无私而伟大的。

紫岚的那份坚持，那份执着，让我想起了自己。从五岁就开始用稚嫩的小手练钢琴的我，像紫岚一样坚持。在九年的练琴生涯里，每次遇到困难我都想过放弃；每次考级失败，我都想退缩……但是，当我想起自己所做的无数个钢琴梦，我又擦干了眼泪，继续练琴。现在，我已经达到业余考级的最高水平，但我仍像紫岚一样努力着，奋斗着。初中的学习生活无比忙碌，但即使在学习最紧张的时刻，我也不会放弃这个梦想，一定要坚持到梦想成为现实之时。

带着与紫岚相同的执着，我骄傲地仰望星辰，我会像你们一样持之以恒地为理想奋斗。轻抚这本宝书，狼王的梦想，我将永远珍藏。

人因活着本身而活着

——《活着》读后感

鲍春岑

他是一位朴实的人,他用朴实无华的语言书写着自己对生活的真实情感。他曾说过一句话:"一位真正的作家永远只为内心写作,只有内心才会真实地告诉他,他的自私与高尚都是那么的突出。"我喜欢他,更喜欢他的这句话,只有这样的作家才能努力地写出真实的、发自内心的、有味道的作品,而这位朴实无华的作家就是余华。

我曾读过他的一部长篇小说,名为《活着》。据我所知,他创作《活着》的灵感来自一首歌,叫作《老黑奴》。歌中老黑奴经历了一生的苦难,家人都离他而去,而他在面对艰难险阻时却用一颗乐观的心,友好地对待这个世界,没有一句抱怨的话。这首歌深深地打动了余华,所以他写下了这部小说。它展示了人对苦难的承受能力，对世界的乐观态度，他认为人是为了活着本身而活着的，而不是为了活着之外的任何事所活着。

文中的福贵曾有着不光彩的过去。他将家里的一百多亩地和祖上留下来的老宅通通输掉了，这时他才醒悟过来。但在他有所悔悟时，又一个不幸降临了，福贵被抓去当兵。生活的依靠没有了，家珍只好一个人撑起这个家。最终福贵回到了家，但看着不能说话的女儿，心中充满了酸楚……

福贵的生活可谓是历尽艰辛，"以笑的方式哭，在死亡的伴随下活着"。福贵用自己脆弱的心去承受那么多巨大的痛苦，用生命的宽广去接受不可改变的事实。《活着》这本书告诉我们，人因活着本身而活着。

衣香·爱香

陈 倩

课间，同桌倩颖一边伏在我身上闻，一边表情夸张地说："咦，陈倩，你身上有股特别的香味哦！"

我仔细闻闻，的确有一股淡淡的清香！我也有点儿疑惑：我身上哪来的清香？

直到有一天，我才忽然明白了！

那是一个星期天的清晨，阳光犹如瀑布般流泻在院子里。我睡觉睡到自然醒，伸伸懒腰，翻身下床。

伴随着熟悉的轻轻流淌的水声，一股微甜的清香在空气里回旋荡漾。我推开房门，随着"吱"的一声，在阳光的斜射下，奶奶的背影映入眼帘。那熟悉的清香，在飘溢，在涌动……

我迷惑了，是洗衣粉的味道？是奶奶的味道？还是都有？

我走近了。像往常一样，奶奶弯着腰坐在古旧的木盆前，将手浸在水中不断地上下仔细搓动。"哗——哗——"随着那富有音乐般节奏的击水声，香气越来越浓。一群白色的泡泡，淘气地露了脸儿：有的得意地升上天去；有几个呆头呆脑的摇摇摆摆地撞到了木盆的边上；有一群牵着手笑盈盈地落在地上；还有一些涌上了奶奶的手，爱怜地赐给奶奶天使般的吻……

奶奶的手在泡泡和水中若隐若现。她的手既不像母亲的手那样修长柔软，也不像父亲的手那样刚强有力，但她有她的韵味，像铁树花那样有着岁月的芳香。奶奶不时地用手捶捶背，一边仔细地搓揉着衣服，一边将额前的一绺银发轻轻拢在耳后。她是那样的细心，那样的认真。

蓦地，我明白了：原来奶奶是将充满着爱的香气，融进了洗衣水中，长留于我的衣服上，长留于我的生命里……

"想什么呢？傻丫头。昨天的衣服晾干了，在沙发上，还不快把你身上的衣服换下来！"奶奶看见我起床了，一边催我换衣服，一边嗔怪地唠叨着……

我拿起沙发上的白衬衫，清香再度翩跹，犹如沁人的荷香，逸入鼻中。那清香是洗衣机转不出来的，是洗衣店熨不出来的，是别人搓不出来的。奶奶用她的整个心爱着我，把爱融入到了衣服中，围绕在我的周身，滋润着我的心田。

衣香？爱香？

我贪婪地闻着这清香，一股幸福的暖流缓缓溢满我的心房！我在奶奶身边蹲下来，把手浸入清凉而芳香的水中，说："奶奶，我也学着洗衣服吧。"

信　守

陈梦娇

那年我和爷爷住在一起。

一个远房亲戚来我家玩，顺便送来了一只黄颜色的小狗，它陌生地看着我和爷爷。

爷爷之前没养过宠物，这次却是例外，爷爷接受了它，并且给它取名大黄。于是，这只叫大黄的狗便成了我家的一员。

从此以后的五年时光里，那只叫大黄的狗便一直陪伴在爷爷身边。早晨爷爷推开门，大黄已"整装待发"地蹲在门口，等着和爷爷一起下田干活。一路上它蹦蹦跳跳地跑在爷爷的前面"开路"，很是开心与惬意。

一次，爷爷独自在屋里修理桌子的时候，不小心摔了一跤，当时就爬不起来了，躺在地上直哼哼。大黄仿佛通灵性一般，扯着嗓子大声地叫起来，并且跑到了邻居家拱他们的门。后来邻居觉得蹊跷，便跟着大黄来到爷爷家，结果发现了躺在地上的爷爷。邻居赶忙把爷爷送到了医院里。

爷爷出院后，与大黄的感情更是如同"爷孙俩"。爷爷与它形影不离，去哪儿都带上它。

转眼五年的时光就过去了，那条巴掌大的小狗已经长高了，爷爷头上的银丝也更多了。在大黄到来的第六个年头，爷爷在一个早上安然地离开了人世。全家人极其悲痛。大黄一直蹲在爷爷的床前，等着他起来一起去田里干活，可是，它所等的爷爷再也起不来了……

我们把爷爷的骨灰葬在了他生前最喜欢去的后山。那天，大黄一直守在爷爷的墓旁，任我们如何驱赶它，它就是不走。

三天后，我整理爷爷遗物时，突然想起来一直没见到大黄，心里猛然一惊，放下东西便往后山跑。果然，大黄蜷缩在爷爷的墓旁，身形明显瘦了一大圈，显然是这些天都没有吃过东西了。它微睁着眼睛，呼吸微弱，我连忙叫来母亲，拿来一些食物放在它面前，没想到它看也不看一眼。夜色渐渐降临，大黄却仿佛失去知觉一般。我无奈，便抱来一些稻草放在它身边，叹息着离去了。我知道，它与爷爷相依相伴了五年，像亲人一般，爷爷的离去对它而言也是一种打击，不过，它伤心几天也许就会自己进食了吧。

家里人把爷爷的后事处理好后，我准备到爷爷的坟前再跟他告别一下，待我走近，发现大黄还卧在爷爷的墓前！我连忙跑了过去，看着眼前的大黄，抚摸着它瘦骨嶙峋的身躯，我的眼泪汹涌而下。它也去陪爷爷了。我看着天空想，爷爷在天上，也许不会孤单吧。

我和母亲一起在爷爷的墓前挖了一个坑，将大黄小心翼翼地埋了。大黄躺过的那个地方，居然有很深的坑，它一直蜷缩在那里，不曾移动过。

我无法忘记这一段场景，每每想起大黄的坟，我的心里总是微微颤动。大黄之所以那么执着地跟随爷爷而去，是因为它和爷爷之间有种心灵的牵挂吧。或者说，他们有着深厚于常人的感情，让我们都为之感动。

守望那残缺的美

应蒙婷

月是孤独的守望者。月色那么美，一抬头，一轮朗月；一低眉，一怀媚月；一转身，一片清月；一投足，月盈袖，风在肩。带着几分朦胧，几分迷离，融合着几分真切，几分熟悉，让人在这亦梦亦醒亦真亦幻中体味到悠长而又奇幻的美，如镜中花，水中月。在半朦胧半真实之间，发挥恰到好处的美。江南的烟花小巷，西湖的烟雨长桥，笼着薄薄的迷雾，惹得多少人驻足，撩动着多少人的情思。月光如水，倾泻世间，于是我们沐浴在银辉之中。

月有阴晴圆缺，满月明亮皎洁似圆圆的玉盘，仿佛干净得不留一丝痕迹。残月弯弯如小船，不像满月那般完整，却自有一番韵味，那是残缺的美丽。古人喜欢这样的月，无论是得意还是失意，那头上的一轮明月总能给予他们或诗人般的雅兴或迁客离人般的伤歌。人解说着月的寂寞，月亮照亮人的哀愁。酒杯中的那一轮月，回应着天上的那缕寂寞，于是美就在醉醒之间徘徊。

听万物耳语

在海的歌声里

陈锡俊

我无须过于费力地追忆,便可记起那年夏天月夜下的光景,当时的情形至今历历在目:"妈妈,又是那个声音响了。"我坐起来望着山的那边。"傻孩子,是山那边的海面上起风了,快睡吧!""不,"我自言自语道,"是大海……是它在歌唱。"之后,我的头靠在妈妈的肩头。妈妈抚摸着我的头发,笑了。

触·海声

海,一直是我所向往的,夜阑人静时,耳畔那朦朦胧胧的声音便开始回荡。

在一个夏天的傍晚,又一次被那声音引领,周边一切犹似海市蜃楼在面前瓦解,喧嚣的城市烟火匍匐在脚下,而大海就延展于眼前。海风一遍遍吹着我的身体,我只好像一截枯木一样迎风张望模糊的海岸。怀着莫名的惊喜和惆怅，任由它一遍遍地吹拂，我感到它就在门的那边，我敞开心扉，张开我的指缝。那一刻，就像与山那边的声音合唱。它听不见我的声音，我却把泪水、欢笑，全部倾诉给了它。渐渐地，一切又变成影子。

寻·海歌

海的歌声是如此扣人心弦，本不想过早地触动它，一旦我挨近那阵轻吟的风，我的心灵将自此浸入海心深处追寻，没有机会再顾及其他。我把那声音藏在心灵深处，整装待发地面对外界此起彼伏的声音。大千世界只有那海的歌声如阳光下的蒲公英播撒在我心田。多希望它来！来看看我为它半合的窗，来看看被歌声沾湿了的窗户，来看看那为如丝的歌声而不肯关窗的我。

悟·海魂

我推那扇门，开那页窗。只是为了离它稍近一点儿，能隐约听见它的一点儿声音，闻到它的一丝气息。我放下了练习本和作业，终于见到了它——海那诱人的容颜。顿时觉得自己如一棵离海边较近的椰树，不论枝杈伸展到哪里，在别处开花结了果，我的根汲取的都是那来自海心深处歌声的能量。嘈杂的世界无法改变我。

我醉心荷

刘宇昕

我醉心于那一片荷。

那是在丹金漕河旁的一个小池塘，池塘里长满了参差不齐的荷叶，远远望去，满眼碧绿，极富生命力。拨开层层荷叶，能清楚地看到游鱼在水里飞来窜去，鱼戏莲叶间，风情万千，不由得便有了几分飘飘欲仙之意。

酷夏到处暑气蒸腾，仿佛要将这世界烤化了一般。我想念久违的老朋友般，一直向着荷塘走去，去寻找那一片属于我的清凉世界。到了塘边，轻轻地将手伸进如镜子一般的水中，于是，那如镜的水面就漾起了几圈波纹。再掬一捧清水，带着丝丝苔藓的绿意，穿过夏天的暑气，迎面送来了清凉。我贪婪地吮吸着那凉气，就像品尝着春天的甘露，品尝那诱人的琼浆。慢慢地，不再感到闷热，我便坐在池塘边上，安静地看着鱼儿追逐嬉戏，享受着它们给我带来的乐趣，欣赏着荷叶在风中优美而柔和的舞姿。

一日清晨，当我再次漫步到这里时，竟看见几朵荷花亭亭立于荷叶丛中，一阵阵清风扑面而来，带着荷那香远益清的美妙，溢得满心都是幽幽的香气啊！

时过境迁，当我再次来到这曾给我留下无数美好记忆的池塘时，只见残阳下秋风飒飒，荷残露落，衰杨掩映，虽是晴日，却令人想起李商隐"留得残荷听雨声"的诗句，心中不由得升起了无尽的惆怅。可是，当我不经意看到伸出水面的莲蓬，想到污泥中深埋的藕茎，我似乎看到了那闪烁的生命之爱。荷，你装点了一个夏天，当你香消玉殒之时，你又用最后的力量灿烂了秋。

呵，你这让我醉心的荷。

"牛"老师与"牛"学生

刘英恺

教我们语文的刘老师,有才,但也特爱训人,训到激愤处,便拍桌子吼。哪个小子敢作业马虎,会被他请去走廊"洗脑"。因此,我和死党们背地里称他为"牛"老师。

也许被他看出了苗头,一天,他神神秘秘地走进教室,宣布了一个特"牛"的决定:"我做一个试验,本单元我不上完课就考试,看你们考得如何。"顿时,教室里炸开了锅,死党们呼天抢地,悲愤不已,随之又个个像霜打的茄子,耷拉下了脑袋。

嘿,他老人家无非想证明他"牛"嘛。而一向好胜的我也实在心有不甘。

下课后,我毅然拒绝邀我到走廊疯玩的哥们儿,坐在教室里,旁若无人研读着教辅书。笑声、叫声、喧闹声,声声不闻,唯有课文中传来的黄土高原上"一群茂腾腾的后生们"雄健有力的"安塞腰鼓"声。嘿嘿,刘老师彻底激发了我内心如安塞腰鼓般狂野倾泻的斗志!我倒要让他看看,弟子我同样姓刘,是否和他一样"牛"?

晚自修,我快速做完了作业,又急忙翻开课文,一遍遍地看,一遍遍地思索。恨不能把书上内容全都刻在脑中。这可是我前所未有的奋斗啊。我不能输,一定不能输!我输了,就让刘老师更"牛"了!此时,我的心就像刘成章笔下的"安塞腰鼓"般激情奔放!

次日,语文课预备铃响,刘老师手捧试卷,气冲斗牛走进教室。死党们或低头悲鸣,完了完了;或急急翻书,找救命稻草;或窃窃私语,不知关照着什么。一个个如热锅上的蚂蚁。

脸色平静,端坐桌前的我,内心擂响了斗牛士即将上场时的鼓声。

卷子到手,迅速翻开,顿时,心花怒放:哈哈,《安塞腰鼓》是考核重点,绝大多数题目正是我复习得滚瓜烂熟的!刘老师,你难不倒我啦!

第二天,语文课代表拿着一叠试卷冲进教室,高呼:"刘英恺,你这小子运气真好!又是全班第一,九十六分。"

非运气也!是刘老师激发了我的斗志,是他要培养我们的自学能力,是他苦心引导我们这群不谙世事的顽童们学做学习的主人。感谢您,"牛"老师!

妈妈的谎言

姚 洁

刚上初中的时候，我英语成绩很差，又因为我性格孤僻，不善言辞，所以老师很少让我回答问题，同学们也很少和我玩。我坐在教室的后墙角，成为"被遗忘的角落"。我像一只孤独的小蜗牛，自顾自地爬来爬去。那时的我，已经知道什么叫自卑，于是我不再乞求老师的爱，因为我懂得，阳光不会照耀到每一个角落。

一次英语考试，我被"烤"得好惨好惨，放学后，天又下起了雨，我把不及格的试卷塞进书包，一个人在行人寥寥的大街上走着。我反反复复想着怎样向妈妈交代，因为老师叫没考及格的学生家长去学校。雨越下越大，豆大的雨点儿打在我的脸上身上，我跑了起来，迎面的冷风快要让我窒息了。

我不知是怎么回到家里的。妈妈看到我湿淋淋的样子，连忙帮我擦去脸上的雨水，帮我倒热水洗脸、洗脚，笑我像个"小落汤鸡"。看着妈妈忙碌的身影，我鼻子一酸，泪水流下来了。我说："妈妈，我的英语成绩不好，没考及格，老师叫家长去学校。"我偷偷瞟了妈妈一眼，妈妈的脸色似乎阴沉了下来。妈妈没有说什么，打起雨伞就出去了。我想着老师会用鄙夷的眼光看着妈妈，用轻蔑的口气谈论着我，而妈妈却不得不赔着笑脸。想到这些，就觉得心里特别不是滋味。

雨还在下，我在忐忑中等待。没想到，真的没有想到，妈妈回来了，一进门便笑着对我说："老师说你不笨，只是不太入门，老师说只要你努力，相信一定会有进步！"噢，我的心里一阵轻松，抬起头，看着妈妈和蔼的笑容，"相信"两个字像一束温暖的阳光射进我昏暗的小天地。

从那以后，我像变了一个人，上课敢举手回答问题了，下课敢和同学交流了，老师看我的眼光好像也不一样了。期末考试的时候，我的英语成绩提高了一大截，当我把试卷拿给妈妈看，妈妈陪我笑着，自豪地说："噢，上次老师叫我去，告诉我你期末升级可能有困难，说什么英语是关键，是主科，我就不相信……"

"怎么，妈妈，那次老师不是那样说的？"没待妈妈回答，我突然明白了，使我成绩进步的是我的自信心，而使我信心大增的正是妈妈善意的谎言。

我真走运啊

汤文彦

这是我经常来的宜家小店,里面摆着各种各样的小饰品。店主是一位温柔善良的女人,她最喜欢说的一句话就是:我真走运啊!看到阳光明媚,她会说:"我真走运啊!能看到这么明媚的春光!"

有一次,我看中了她店里的一个发带,金灿灿的,看上去十分耀眼。我走到她跟前,对她说:"这发带做工精致,很漂亮!"她坐在椅子上抬起头,微微一笑,说:"我真走运啊!能得到你的夸奖。"

有一天中午,我路过她的店,看见她依然坐在椅子上,便随口问一句:"阿姨,吃午饭了吗?"她笑笑,说:"吃过了。我真走运啊!能得到你的关心。"

我喜欢她的笑,喜欢她的口头禅,所以有事没事常去她的店里逛。父母要带我出去旅游了,我无意中和她说起。她让我多拍几张照片回来。我说:"好啊,山上的风景很不错,我会多拍几张,如果你觉得风景不错,你也可以去爬一爬,亲身体验一下。"她眼里闪着兴奋的光说:"我真走运啊!有缆车吗?"我说:"不必坐缆车,自己爬上去才有意思。"她说:"是啊,我真走运,在梦里梦到过。"

旅游回来后,过了几天,我再去店里,想把照片给她。没想到却换了新店主。我问起她,新店主说她去世了。我呆呆地站在那儿,许久,我说:"真遗憾没能叫她一起去爬山。"店主有些疑惑地对我说:"爬山?不可能吧!她下肢瘫痪。""怎么是这样?"我又惊奇又内疚,因为她总是那么喜欢微笑,所以我并没有在意她的缺陷。我开始责怪自己,为什么要刺激她去爬山,她当时的内心一定很痛苦,所以才会说在梦里梦到过。

是啊,这就是人格力量,当你对生活充满了信心和希望,当你对命运充满感激之情,还有什么可以使你痛苦、绝望?快乐来源于知足,幸福来源于感恩,这些美好的感情无关乎物质,只关乎心灵。

让我们和这个"走运"的人一起说一声:"我真走运啊!"

苏州乐园,快乐飞翔

陈 点

今天,妈妈所在的学校组织学生去苏州乐园游玩,我也跟着他们同行。

一路颠簸,终于到达目的地。老远便看到"苏州乐园"四个大字欣欣然欢迎着我们。

仔细翻看导游图,我们决定先去玩过山车。苏州乐园的过山车横卧狮山脚下,据说轨长七百八十七米,上下落差三十一米。掠山涉水,穿云过洞,乘坐其上,悬空飞翔,肯定好玩。排了一个多小时的队,终于轮到我们了。我和妈妈坐在第一排,不知道是因为兴奋还是紧张,我紧紧抓着扶手,手心全是汗。随着"嘟——"的一声,过山车出发了!耳边风声呼啸,车速越来越快,很快到了最高处,我缓缓睁开眼睛,顿时被吓得魂飞魄散,因为太高了,地面的东西都那么小。顷刻间,又开始往下冲,我感觉快要被甩出去了!此时我不敢睁眼,车上的所有人,都不由自主大喊着。过山车开始翻转了,我生怕被甩出去,泼出去,抛出去,竭力贴着椅背,两手更是不敢松动,耳边的尖叫声此起彼伏。排队等待的时候还觉得就那么几分钟的事儿,可现在却感觉度秒如年啊!不知道经过几轮翻转后,过山车终于开始平稳了,随着一声刹车声,车子缓缓停在起点的轨道。我长长地舒了一口气,晕乎乎地从椅子上走下来,有点儿飘的感觉。"太刺激了!太刺激了!"我心中呐喊着。要不是需要排队的话,我真想再刺激一回。

接着,我们又去玩了飞碟、旋转茶杯、火车开起来、飞天梦等好多游戏,个个精彩,让我流连忘返。

苏州乐园不仅让我玩得刺激,还让我欣赏到许多美景呢!

瞧,那瀑布,水花飞溅,长二十多米,宽五十米,上有危崖欲坠,下有深潭百尺,不禁使我想起李白的诗句:"飞流直下三千尺,疑是银河落九天。"听那隆隆的声音,似千军呐喊,如万马奔腾。看那湍急的水流从山顶飞泻下来,好像千万缕柔软的银丝,飘动在悬崖峭壁。几块凸出的岩石又把瀑布劈成了几道水帘。水帘闪动着,翻滚着,跳跃着,冲到潭上,激起了沸腾的浪花,那浪花翻卷,若盛开的白莲。真是妙不可言,美不胜收!

过山车,那么刺激,那么令人神往;飞碟,那么神秘,那么充满想象;瀑布,那么壮观,那么让人陶醉……苏州乐园,让快乐飞翔!

未老的情

戈雨桐

"咔嗒——"我无奈地望着半截断在钥匙孔里的钥匙和我手里仅有的圆柄，不禁在心里抱怨制作钥匙的豆腐渣工程，叹息着跟随了我五年的钥匙寿终正寝。当然，结果就是我在楼梯间里呆坐了一个多小时，才得以进家门。

第二天，我去小区门前一个小摊配钥匙。细细地打量着眼前这个小摊，虽然之前有无数次经过这里，但今天却是第一次来消费，也是第一次细细地打量它。也是，这样一个小得不入眼的小摊，很少有人会多看几眼的。老板是一个老伯，我将钥匙递给他，他正要接过，一声急促的咳喘却打回了他即将伸出的手。嗅觉灵敏的我，很快便闻到了空气里弥漫的一丝烟味儿，心想：唉，又是个爱抽烟不爱惜身体的人。

咳过了几声，呼吸也变平缓了，他便接过了钥匙，并对我抱歉地笑了笑。将钥匙放在桌上，他拿起一杯茶小喝了一口，原以为他润一润嗓子便要开工，他却又从衣袋里抽出一根烟点燃。我很奇怪，便脱口问道："伯伯，您咳嗽蛮厉害的了，怎么还继续抽烟呢？少抽点儿吧，对身体没好处的。"他有些惊愕地抬起头，似乎在惊讶着我的关心，随即便接话："小姑娘，你不知道，这是我多年来的习惯了，只有抽着烟，配钥匙的灵感才会上来。"我听着好笑，却也不便多言，就静静地看着他配钥匙。

配了一半，大伯正准备翻另一面的时候，一个老妇人拎着一个保温瓶向这边走来。老伯看到她，连忙拿出含在嘴边快要燃尽的烟头，扔到地上踩了两脚。很不巧，他的一举一动都被老妇人看在了眼里。我似乎明白了些什么，那个老妇人应该是老伯的妻子吧！我的猜想确实没有错，老妇人看到后愤愤地冲过来，大声地数落道："你这个老头子，又背着我抽烟，看我还辛辛苦苦地给你送梨子枇杷汤来，你自己还要不要健康呀！"老伯就像做错事的孩子一样，低下头，小声地说："我知道错了。"还好老妇人很快就原谅了大伯，还将保温瓶递给了他，"下不为例哦，快快，把它喝了，都快凉了。"大伯有些不情愿，说："在保温瓶里怎么会凉？人家小姑娘还等着钥匙呢！"我这才回过神，连忙说："您先喝了吧。"我不想打断这对老夫妻的对话。

"看吧，人家小姑娘都说没事了。"老妇人扬起了胜利的微笑，老伯无奈地笑了笑，喝起了汤。我想，他的心里也是甜的吧。

看着喝空的保温瓶，老妇人满足地笑了，大伯也将钥匙配好了。拿了钥匙付了钱，道了声谢我便离开了。身后的小摊传来了这样的对话：

"以后我天天煮给你喝，你就不要抽烟了吧！"

"好好，都依你。"

我开心地笑了，原来这就是"执子之手，与子偕老"的爱情。他们虽已年老，但彼此之间的情却未老。

我与寒流面对面

白子阳

"起床了！起床了！"

大家好！我是一只鼹鼠，从小就生活在这片森林里，我有好多的朋友，这又是谁在叫我起床呢？我伸了伸僵硬的胳膊，在暖暖的阳光下慢慢醒来。原来是隔壁的老鼠哥哥在叫我起床。奇怪，我的闹钟怎么没有响？哦，对了，我忽然想起是昨天的那场寒流已经把我的闹钟无情地卷走了！

昨天的寒流可真是来得快，去得也快。今天一大早就已经阳光明媚，晴空万里了，暖洋洋的空气中还夹杂着一丝小草的清香。

说起昨夜的寒流可真吓人，我都在这儿住了好多年了，从来没遇到过这么强的寒流。昨天我还听见多识广的老鼠哥哥说，会有一股寒流来到我们家乡，还说是因为地球转得太快才会这样的。我一知半解地点点头，心想可不能让别人看出我什么也不知道！

　　我本打算打一个安全的洞，以免财产被寒流卷走。可惜老鼠哥哥告诉我太晚了，我刚开始打洞，寒流就来了。我眼睁睁地看着自己的闹钟、名著、被子和刚找来的食物被无情的寒风吹走，却无能为力。接着寒流更强了，我也连同地面的许多东西一起飞了出去。我心想，这回死定了，就用爪子蒙住眼睛，等待死亡的降临，心里还是忍不住默默地念着："上天保佑，上天保佑……"突然，我感觉一片树苗的嫩叶擦过我的身体，我猛地睁开眼睛，有救了！这儿有许多和我现在"飞行"高度差不多的树苗，我不断地调整身体的姿态，以便我可以抱住一棵树苗。第一棵来了，在树苗离我很近的瞬间，我猛地一抓，由于没有掌握好节奏，抓空了，我怎么这么笨呀！第二棵又来了，我按刚才的经验，找到合适的距离，但又抓了个空！老天爷啊，你就不想让我停下来吗？第三棵，这次可不能再失误呀！我总结了两次失败的经验，猛地用力一抓，哦！抓到了！我终于抓到了！

　　我像抓着救命稻草似的抱着树苗瑟瑟发抖，还好寒流没过多久就结束了。刚才躲在地洞里的田鼠一家正要去找饭店吃饭，恰巧看到了我抓着树苗的窘态，还笑话我一点儿也不安生，总喜欢爬高。

　　万幸的是，在这场寒流中我损失的仅仅是一些身外之物，我想我得抓紧时间打一个安全的洞了，那样我就不会再经历这样惊心动魄的危险之旅了。

外婆和红袜子

胡露洁

这里的冬天,是西北风的天下,发狂的西北风动不动就发怒。就连往日慈祥的风婆婆也变得粗暴起来,将神秘的风口袋一撑,便施展起无边的法力。

走在小路上,脚冻得一点儿感觉都没有,只能一步一步地往前挪。回到家中,我就开始抱怨起这讨厌的天气。这时,妈妈走过来,手里还拿着一双红色的毛线袜。这双毛线袜看起来做工很粗糙,而且只是单一的红色,没有丝毫的点缀,一点儿都不漂亮。"外婆听说你脚冻僵了,就赶紧织了这双红袜子给你。"我接过袜子,含糊地应了一声,就不再理会她。

我心里实在不愿意穿上这双袜子,无奈忍不住冬季的严寒,最终还是穿上了它。一天,去朋友家做客,换拖鞋时,我只好尴尬地把鞋子脱掉。一脱下鞋子,朋友便很惊讶地问我:"你的袜子好特别啊,是自己织的吗?"我笑着说道:"是我外婆织的。""你好幸福啊,我外婆在我没出生前就去世了,我连见她一面的机会都没有。"朋友的眼神中流露出些许的羡慕。

外婆来看望我了。一看见我,便亲切地问:"脚好点儿没?袜子暖不暖和?"一大堆的问题向我抛来。可是很奇怪,我一反常态没有厌烦她的问题,而是很耐心地回答。看着外婆关心的面庞,一股暖流涌向心中。

虽然这件事情已经过去好多年了,但那双红袜子依旧完好地保存在我的衣柜里;尽管我的脚长大了,再也穿不上那双袜子了,但在这寒冷的冬季,它依旧能温暖我的整个人、整颗心。

红袜子很朴素,没有丝毫点缀,做工还很粗糙,可这正如我的外婆一样,她身材矮而胖,皮肤黄而糙,满脸的皱纹,很朴素,但很真实、很亲切。

每当看见那双红袜子,我就会更加想念外婆。外婆,谢谢您,那双红袜子是您对我爱的象征,我会永远地珍藏起来。在每一个寒冷的冬季,它温暖着我的心灵。

雪天,那阳光下的绿洲

张家伟

雪纷纷扬扬地下着,我边拍打着身上的雪花,边向我们单元的楼道里跑去。

正要迈进楼道,忽然看到一只一个多月大的小猫瑟缩着身子,在墙角发抖。它的睫毛上沾着点点水珠,眼神中流露出一丝恐惧。这冰天雪地里,谁家的猫会如此狼狈?唉,一定是只可怜的流浪猫。

它的妈妈去哪里了?它们是不是走散了?下这么大的雪,它能找到妈妈吗……一连串问号在我的脑海中闪现。不管那么多了,我三步并作两步一口气跑上了楼,拿了一块馒头,小心地放在它的面前。可是,它不仅不吃,反而还往后退了几步,发出"喵喵"的凄惨的叫声。我想它一定是不敢吃,于是找了个角落躲起来静静地观察它。

果然,过了一会儿,它看四下无人,就慢慢吃了起来。我想把它抱回家，但又想，雪停了，它的妈妈也许会来找它的。

第二天，我无意中在小区门口看见一只大的流浪猫，它和昨天我看到的那只小猫几乎是一个模子刻出来的，我想它一定是小猫的妈妈！我兴奋极了，本想把它抱到小猫那里，谁知它见我就跑，纵身一跃，爬上墙头，头也不回地跑远了。

怎样才能让它们母子相遇呢？我眉头一皱，计上心来。

下午，我找了一个空箱子，把小猫轻轻地放进去，带它到我遇到大猫的地方，可是猫妈妈却不在。无奈，我只好把它带回家里，打算照顾它到找到妈妈为止。

朋友叫我去打球，一出单元门，我就看见猫妈妈在雪地里觅食。我赶紧回家，把小猫抱了出来，大猫看见后，惊喜地冲它叫着，小猫听到后，也回应了妈妈，一对母子亲昵地把身体靠在一起……

看着它们幸福的样子，我哼着歌满足地回到家。妈妈见状，笑着问："什么事啊，这么高兴？"当我讲完了我的"英雄壮举"后，妈妈欣慰地说："孩子，连一只流浪猫都疼爱的人，他的心中一定有一片片爱的绿洲；连一只流浪猫都要帮助的人，他的心中一定有一缕缕爱的阳光！孩子，妈妈为你鼓掌！"

殊途同归

张沁楠

一季红梅尽亡，三千节竹猖狂。

——题记

1

我和奶奶站在门前的时候，房顶已经没有了。桃树没有了，芭蕉树没有了，才栽的樱桃树也不属于我们了，西瓜地也找不到了，墙上的奖状一张也没有了。新房子的地基还没打，我们的房子已没有了踪影。只觉得拆迁就是一只张着血盆大口的巨兽，把我们的一切都吞噬了。

一家五口人在姑姑家挤了两年多，才终于住进了宽敞明亮的新家，平淡而又幸福地过着现在的生活。奶奶也不闲着，在荒地上开垦出了良田，终于又吃上了奶奶亲手种的绿色蔬菜。

　　大家偶尔想到曾经西瓜地里的丰硕，桃花树下的玩闹，也会感慨，却并不惋惜，毕竟日子有了奔头，过着红火，这是多大的福分哪！

　　虽已殊途，却是同归。

2

　　无数像我们这样的家庭组成了这个城市，而在这个城市里，拆迁也是改造建设必不可少的一步，就像那句大实话说的，"旧的不去，新的不来"，城市在拆迁中完成了一次次的蜕变，就像爱换新衣的小丫头似的，终于有一天破茧成蝶。

　　从墙上一个大大的"拆"字，到人去楼空，接着房子便轰然倒下，然后新的高楼大厦会在原来的残骸上建起来，高耸入云，如同一根根挺拔的竹子。

　　那日偶然路过市中心，看见那里又被围了一大圈，围墙里面的房子已不见了，只留下一棵傲然挺立的青松。也许有一天看到那轰轰的机器进场，就看不到这棵松树了，它可能陪着它的邻居一起被拆迁。它和对面空落落的大院里的银杏树打着最后的招呼，谁知他们是不是还强笑着打赌谁先搬走呢？不过幸好，总算还在。他们这些树呀，总和我们人一样，就这么一茬一茬地破土，冒尖，抽芽，挺拔，所以我们这个城市，才总是生机勃勃，我们共同站在一方土地上，便能一起扎根存活。脚下有结实的泥土，心中便有不灭的希望。

3

我很喜欢听老人家讲一些故事，过去的故事。

他们用方言讲起这个城市过去的辉煌，那时候，他们眼中闪烁着光芒——因为他们都是有根的人，这个城市的光荣，也便是他们的光荣。

我听他们讲起那惨绝人寰的大屠杀，南京的血腥味弥漫到我们这个城市，无数的金坛人民拼死反抗，哪怕血流成河。曾经我们有过瞿秋白，现在我们有殷雪梅。

很多现在的老人其实并未经历那场战斗，却依然用自豪的语气说着这番话，因为这座城，是他们的，而他们，也是这座城的。

4

城市中心的灯火很辉煌，但是每一个行人都走得不慌不忙，连路上的车子都悠闲地摇晃，走在霓虹灯下，和走在田埂上，于我们而言并没有什么分别。

我想，这便是我们这个城市最可贵的地方，我们看着浮光掠影，却岿然不动。

这一句话，似乎专为我们这个城市而写："一季红梅尽亡，三千节竹猖狂。"

无数的高楼拔地而起，替代了农村的小院，可是总有些未变的东西，藏匿在我们这个城市厚重的灵魂里，摇曳成明媚的风姿，终究殊途同归。

听万物耳语

赵筱雅

微风拂过耳际,带着一丝甜腻的芳香。这样的午后,静谧而悠然,让我能在其他人睡着时安然行走。

清茶飘出淡淡的清香,宛若我的思绪,旋落在窗台上。悄然地,午后就这样来了。

"沙沙沙……"风儿吹过树叶,吹软了它的枝条,走出夏日的旋律。知了蜕变归来,不厌其烦重复着千篇一律的话语。葡萄尚未成熟,正在酝酿芳香。葡萄藤上的绿叶随风飘动,仿佛在上演"一分钟圆舞曲"。

就是这样的午后,随风潜入万物心中,倾听它们的耳语。

我在静谧的午后行走,周围的人都睡了。在这奇妙的境界中,只有我和万物生灵,令我欢喜。

鸟儿叽叽喳喳欢快地叫着,仿佛在诉说一个梦想成真的故事。向上望去，只见那两朵白云靠得很近，让人以为它们在低语。葡萄叶落了一片，"噗"的一声，投入大地的怀抱，好像等不及秋天的到来了。

黄昏的时候眺望无际的天边，感觉未来在远方，却又近在咫尺。这种特殊的体验，恐怕只在这里感觉得到吧！耳边偶尔传来汽笛声，于是我把它们当作时间的提示语。鱼儿向远方游去，带着它们自己的梦想，去远方。

夜晚，四周飘来一阵蓝色小野花的香气，它们在说："我们散发着香气！"不喜欢吵闹，就喜欢在这样的夜晚，仰望星空，用眼神跟星星们交谈。星星在眨眼，我知道它们在鼓励我。我忽地向远方飞去了，促成世间最美丽的流星雨。

万物有灵，它们对我耳语。而我，也静静地倾听。平静的树可以耳语，无言的水可以耳语，更何况那些翩翩彩蝶、凌空的飞鸟以及那些相约而来的人呢！

倾听万物耳语，微风拂过耳际。

写给自己的信

陈书仪

那时,当你走进静谧的小巷,孤独突然被一串悠扬的琴声赶出了心境。我看见了你那丝丝缕缕剪不断的情愫。

琴声是诱人的。当你第一次见到钢琴时,你就迷上了这笨重的大家伙——它竟发出了如此动人心弦的声音。于是你对妈妈软磨硬泡,终于报上了梦寐以求的钢琴班。

琴声是美丽的。你轻盈的手指划过琴键,"真美啊!"我听见你由衷的赞叹。你坐下来,流利地弹出美妙的音符。经过了几个课时的训练,你确实长进了不少——这声音,清澈细腻,叮叮咚咚的旋律宛如山边的一道清泉,顺流而下的清澈与细腻遍布了山野草原。

琴声是惆怅的。酷暑难当,你蜷在椅子上,手指又一次滑向干枯的琴键,你望向窗外,白云缠绕着火红的太阳,伙伴们在溪水旁嬉戏。我劝你还是练一下琴,润一下键吧。你犹豫不决地看了我一眼,深深地叹了口气,手指按下了琴键——多么苦涩的声音,你吓得停了下来。我知道,你的心已飞向了窗外。既然走上了这条路,希望你坚持下去。

琴声是无奈的。此时,你的琴技,已经比原来高出了许多,你已能够弹出各式各样的曲子——离别时那淡淡的哀伤,交友时那喜悦的快乐,惆怅时那苍凉的悲伤。这是你努力了许久的结果,但我却高兴不起来。你早已厌倦了这种单一的生活,不是吗?你早就想抛开这厚重的束缚到外面游玩了。你变得贪玩了,虽然我极力劝阻,可这次,你却斩钉截铁地回绝了我。为了玩耍,你放弃了曾经的梦想。

琴声是遗憾的。多年以后,常见你撑着头哀哀叹息。你心里必定充满了后悔,因为每每看见琴行你总低头走过,听到婉转的曲子也要默默离开。这都是因为当年的无知啊!

但琴声消失了吗?不,琴声是悠扬的。我要看着你,要你看着我,接受这琴声,牢记这遗憾,不再犯同样的错误,去开辟另一条道路。

我的表弟"乖乖男"

潘泓亦

我有好几个表弟，其中有一个是家里独一无二的乖乖男。他呀，哼！一点儿小孩儿样都没有！

乖乖男一岁就可以和大人交流，两岁会认字，三岁就开始背唐诗，四岁会写字，五岁就开始读名著，六岁开始画画、弹钢琴、心算，八岁时，连夺奥数和画画冠军。现在他九岁，已经连破满分记录，但也破了家中的生病记录。

乖乖男的学习成绩超好，几乎每次都考一百分，因此家长都偏爱他。不过有得必有失，他的体育成绩差得惊人，一般都只打D或C，要是他什么时候打了个B，家长们必定送上什么文武双全、全面发展之类的话，而我们在家长眼里，更是矮了一大截。他的奖杯呀，奖状啊，多得像海洋里的水——数不胜数。不过他一点儿也不像一个九岁的小孩儿，成天坐在书桌前，摇头晃脑地读之乎者也。我只有长叹一声，唉，一个没有童年的孩子！可家长们不管这些,只要他读书好,得冠军多,就算他成了"体育盲",就算他坐上轮椅,家长们也不会埋怨他。

他一天到晚的时间都被各种课程排得满满的,我们几个兄弟劝他应该好好跟我们玩玩,可他却摆出一副生气的样子。他说话虽然头头是道,大道理一套一套的,可我们却都不喜欢他。渐渐地,他跟我们的隔膜越来越深了。他不会闹不会玩不会用电脑不会看电视,几乎不会做任何和学习无关的事。他还说:"吃得苦中苦,方为人上人。"我们问他为什么不跟我们玩会儿,他头也不抬,回答:"少壮不努力,老大徒伤悲。"大人们听了感动到晕倒,而我们只能目瞪口呆。

记得某年某月某日,我们在家玩捉迷藏,可还差一个人,便想到了乖乖男。尽管只有千万分之一的可能,但总要试试,说不定能赶上那"一"。好不容易等到他回来,只见他左手提着个书包,右手夹着几本名著,正满面春风地朝书房走去。我们叫住他,说:"嘿!来玩捉迷藏吧,就差你一个人了!"他连想都不想,回答:"玩物丧志,游戏无益。""哎呀,玩一下有什么关系嘛,又不占用你太多时间。"他把头摆得像电风扇似的,"大好时光,怎么能浪费在玩上呢?"

好长时间没见到他了,他现在又在干什么呢?想来一定是坐在书桌前,叽里呱啦地读他的圣贤书。或者,因为劳累过度、缺乏锻炼又住进了医院。

黑幕中的亮光

蔺可欣

夜渐深，我站在窗边，昏暗的天空中，一颗明黄色的星星跃入我的眼帘。那微弱的光芒虽不耀眼，但却能带给人振奋，就像那位平凡但伟大的英雄——鲁迅。

他不是战场上抛头颅洒热血的勇士，但他以笔为投枪、为匕首，刺向旧势力的阵营，他是能让人从麻木中醒来的革命者。你说他伟大，他只不过是冬日里的一朵普通的梅花。你说他平凡，他却是一朵在冬日大雪纷飞下傲骨一身的梅花。也许他根本无法简单地用平凡或伟大来形容，但有一点可以肯定——他是一位英雄！一位真正的英雄！

第一次认识鲁迅先生，是在语文课堂上。《从百草园到三味书屋》让我体味了鲁迅先生童年生活的乐趣，而令我印象最深刻的是在《藤野先生》一文中看到的鲁迅。

先生毅然放弃了医学，义无反顾地踏上了文学之路，原因很简单，他认为医术只能解决人们肉体上的痛苦，而文学却能唤醒人们麻木的思想。于是，他把岁月的年轮刻画成了一本本充满激情与希望的书籍，《呐喊》《狂人日记》《彷徨》《朝花夕拾》等作品纷至沓来。然而时至今日，有多少人能真正读懂鲁迅呢？凡英雄都是孤独的吧？

但是在《伤逝》中他曾说过这样的一句话："希望是附丽于存在的，有存在，便有希望，有希望，便是光明。"他是黑暗中一束逆向的光，通过呼吁，通过坚持，给处于黑暗中的人们带来了第一缕光明，纵使那黑暗有万丈之深，也湮没不了那一束穿透力极强的光。

虽然他早已逝去，但我们并不感到他离我们很远，因为他的精神是长存的，他的精神为暗夜中的人们带去光明和希望。

风吹过，把我的思绪拉回现实。天幕中，那颗明黄色的星星依旧闪耀着亮光，好像那位英雄正望着我们。

书 香

臧 索

小时候，父母工作较忙，能陪着我的时间不多，于是在无聊的时候，我便常到家中的书房里，不管什么内容，随手拿起一本书乱翻。

那时，书中的内容自然是看不懂，我翻来翻去，只是觉得好玩。后来养成了习惯，每天都要去几趟书房，书架上那色彩鲜艳的书籍牢牢地吸引了我。闻着那淡淡的墨香，看着生动有趣的插图，我觉得自己就像生活在童话王国里，惬意而幸福。一两年过去，我竟也能把书上的一些小故事看得有滋有味。

后来，爸爸就常常带我到楼下的书城。我开始把一摞摞书搬回家，缠着爸爸给我讲故事。有时，爸爸一边指着书上的文字一边读给我听，于是我不知不觉中就认识了不少的字，也懂得了很多道理。在幼儿园里，老师常常让我讲故事给大家听，看到小伙伴们听得入迷，我就很得意。

上了小学，听故事满足不了我的求知欲望了，我开始独立阅读。我终于明白书里的世界才真的叫作异彩纷呈。我不再只读童话类的书了，开始在茫茫书海中寻找能使自己"过瘾"的书。我读科学、读历史、读名著、读地理……我从《世界未解之谜》中了解到原来还有那么多的未解之谜等待着我们去探索；从《一天一个益智游戏》中体会到科学实验的乐趣；在与《环游世界101天》握手时见识了世界各地的风土人情；《世界上下五千年》《中华上下五千年》向我娓娓道出历史的沧桑和厚重。

双休日和假期，楼下的书城成了我的第二个家，我可以一整天都泡在书城里。搬回家的书也越来越多，书柜里挤不下了，于是床上、茶几上、沙发上到处都是我的书。迄今为止，我的藏书已有好几百本，看过的书有上千本。臧克家曾说过，"读过一本好书，就像交了一个益友。"如此说来，我的好朋友有成百上千了，孤单已离我很远了。

小学毕业之后的一天，在和我关系最好的老师聊天时，她突然问我："这六年，你喜欢的书给你带来了什么呢？"我沉默了，这个问题我不曾想过。我一直都是在由着兴趣品味着书香，却从未想过它给予了我多少。

书籍啊，它告诉我理想就是人生道路上的明灯；它告诉我人不知而不愠，这样的人才是有道德修养的；它告诉我要见贤思齐;它告诉我技多不压身……

老师的问题我怕是回答不了了,书籍已经给我带来了太多太多。但更多的时候,它只是一杯清茶,缓缓沁入我的心脾。

绿豆味的夏天

张昱晗

小时候，最爱吃妈妈做的绿豆雪糕。

夏日，火红的太阳炙烤着大地，路旁的小树叶子无精打采地垂吊着，路上的人们举着遮阳伞，戴着太阳镜，穿着轻薄的衣服，却仍然汗珠不断。我走在发烫的地面上，用手遮挡住阳光，不时望望路两旁卖雪糕的小商贩。那对我很有诱惑力，只可惜我身无分文。我们家并不穷，但也不富裕，爸爸妈妈辛苦挣来的工资只够生活，所以我没有额外的零花钱，只能一饱眼福了。

一天，妈妈带回来了一个奇形怪状的盒子。我问那是什么，妈妈笑了笑说："这是用来做雪糕的容器。以后想吃雪糕了，可以自己做。"我十分高兴，忙叫妈妈给我做。妈妈把洗干净的绿豆打成糊状，放入冰糖、牛奶和蜂蜜，搅拌成糊糊，倒入那个容器中，然后放在冰箱里。

我焦急地等待着。

大约一个小时后,妈妈把它拿出来,绿豆糊变成了固体的雪糕。我轻轻咬了一口,一股凉意直沁心脾,嘴里充满了清爽的绿豆味,又兼有冰糖蜂蜜的甜和牛奶的香,真是好吃极了。从此,我们全家经常分享妈妈做的绿豆雪糕。同学来我家玩儿,我也要他们尝一尝。他们吃了,也都赞不绝口。那个夏天,令我印象最深的,就是那清凉可口的绿豆味。

夏天缓缓隐去,秋天渐渐来临。天气凉了,不能吃妈妈做的绿豆雪糕了。妈妈说,没关系,明年她还给我做,便把做雪糕的架子放到了一个角落。慢慢地,我把绿豆雪糕的事忘了。妈妈也再没有提起过。

渐渐地,我们家的日子越来越好,妈妈便给我零花钱去买雪糕。一天,我突然想起来,问妈妈:"咱们家的雪糕架子呢?"妈妈把家翻了个底朝天,都没找到。妈妈说:"现在生活条件好了,人们已经不自己做雪糕了,市场上也买不到那种架子了。"而我尝遍了市场上所有品种的雪糕,觉得都不如妈妈做得好吃。

那种绿豆味的夏天,已随我的童年一起远去了吧。

宽 容

曹瑜婧

还记得刚来新学校时的新奇与羞怯,像一只小鹿来到一片陌生的草地。在这里,怀着对朋友的渴望,我认识了沈。

她泼辣的性格是我眼中的率真,她直白的话语是我眼里的真诚,她大方的习惯是我眼里的豪放。我们在短短几天里就结成了"联盟",成了穿一条裤子都嫌宽的好友。

然而过了没几天,我被选进了舞蹈班,由于学习和练舞蹈占用了大部分在校时间,我渐渐与她疏远了。当我偶尔有空闲可以和她玩时,却又不好意思找她了,反而总躲着她。渐渐地,我觉得她和其他同学的关系密切了,我想也许她在怨我。而她那大大咧咧的笑,在我看来更像是一种嘲笑。谁知我竟想错了。

记得那天,我们在体育课上进行八百米测试,我开始还跑得很轻松,但越跑越觉得累,跑到最后腿肚子里像灌了铅,嗓子也快要冒烟了。跨过终点线,松懈下来的我猛地栽倒在跑道上。我躺在地上,呼呼地喘着,嘴边冒出一团团的热气。我身上的汗水湿透了衣裳,当时唯一的感觉就是热。我像一摊泥,松软而无力,想用力撑起身体,可是根本办不到,好像那八百米跑消耗了我全部的力气。这时,沈走过来,她吃力地扶我起来,递给我一瓶水,然后把我送到了休息区,帮我揉肩捏背。过了一会儿,我渐渐恢复了体力,沈却累得满头是汗。我看着笑盈盈的她,想说声"谢谢",但又觉得说不出口,唯有把感激铭刻在心。

　　心里有许多的愧疚,像蒺藜扎得我内心难安。沈早就宽恕我了吗?有位哲人说过,当你心里有宽恕的概念时,宽恕就不存在了。也许沈从来都没怨过我,她那样开朗的人,也许根本不知道什么叫怨吧?

秋天的萤火虫

俞心悦

盛夏的夜晚，没有一丝风，片片蛙声透过闷热的空气四散开来，打破池塘的静谧。漆黑的夜空中不见月亮，只有几颗寂寞的小星星，一闪一闪地发出璀璨的光。渐渐地，草丛里也升起了几颗"星星"，比天上的还要小，还要亮。是调皮的萤火虫点亮了自己的尾巴，和天上的星星打招呼。多么美的一幅画！

只可惜现在是秋天，哪来这么唯美的画面。我一边走一边嘀咕，为自己脑海中不切实际的幻想感到好笑。在这个季节里，纵然有金黄的落叶、成熟的果实、凉爽的微风，仍是掩不住满地枯败的苍凉与肃杀。正是缺少了夏日那些可爱的小精灵，才使得我眼中的秋天如此了无生气。我走在林间小路上，没有路灯，又是暗夜，只好摸索着小心翼翼地前进。没有萤火虫的陪伴，一种孤独包围着我。

一片黑暗中，兀地，一个发出幽幽的淡绿色荧光的小点儿，在我的左前方亮起来。哦，不，那不是狼眼睛，那是一颗人间的"星星"，那是一只萤火虫！我兴奋得几乎跳起来，连忙跌跌撞撞地向我的萤火虫扑去。待到了它跟前，我才想起来，秋天是不会出现萤火虫的呀。萤火虫的寿命极短，在度过短短的夏季之后，便会死去，没有一只萤火虫可以在秋天存活，它们是只属于夏季的精灵。难道是我眼花了？可是，面前的的确确停着一只秋天的萤火虫。

悄悄凑近了看，才发现这是一只体型瘦弱、荧光暗淡的小萤火虫。我不免有些失望，但对它顽强的生命力感到十分好奇。它是怎样挺过一整个夏季，来到秋天，成为一个奇迹的呢？我突然想起了一个童话：萤火虫生活在炎热的夏天，当第一片树叶凋零，他们的生命也开始陨落。有那么一两只萤火虫，还没有找到真爱，不甘心就这样死去，想爱的愿望、想活下去的愿望会支撑着它们走过夏季，成为"秋天的萤火虫"。而见到它们的人，也可以实现自己的愿望。多么美好的想象，可当我面对眼前这个真实的"童话"时，我信了。亲爱的萤火虫，你是在等待属于你的爱情吗？还是你太过爱这个世界，不愿离去？

萤火虫突然扇动了几下翅膀，向空中飞去。我急忙站起身，朝它飞的方向看去，夜空中有一颗寂寞的小星星在闪呀闪。"那就是你一直等待的吗？"我喃喃自语。它不停地向上飞着,越飞越高,越飞越远,留给我一个执着而坚定的身影。萤火虫会实现自己的愿望吗?它注定是要离去的,但它的存在就是一个奇迹,生命的奇迹,信念的奇迹。我默默地在心中许愿:让我也拥有像秋天的萤火虫一样的执着与勇气,去追逐自己的梦想,永不言弃。

萤火虫已飞得很远,渐渐从视线中消失,而留在心中的那两颗星,闪烁着耀眼的光芒,很亮,很亮。

聆听四季恋曲

陈思雨

春夏秋冬，四季轮回，多情岁月，轻吟浅唱，是徘徊的风应和着四季的恋曲。

你听，春宛转悠扬，夏蓬勃喧闹，秋高远清幽，冬温情静谧。春有百花秋有月，夏有凉风冬有雪。当我们的心贴近自然，当我们的情融入自然，当我们的爱施予自然，一切都变得那么美好，风霜雨雪自有意，花鸟虫鱼自多情，江河草木自会爱。

你看，春的衣裳拂过山河，山野便绿，河水便歌；拂过天空，便有了缠绵的细雨，飘摇的风筝。当第一抹阳光洒向大地时，春姑娘便提着一桶颜料来到大地，她有好多悄悄话要对万物们说。小草不再满映着夕阳西下的光辉，而是穿上了绿油油的衣服，春姑娘悄悄地对花儿说，快起来吧，春天来了，花儿便含苞欲放，这一切是多么美好啊。

你听，夏的脚步欢快热烈。知了不厌其烦地用它单调的歌声在枝头迎夏，燃烧的太阳碎落在湖面，闪闪发光，微风拂过，湖面波光粼粼，不知道的，还以为是在水晶般的湖面上撒下了些闪烁夺目的钻石呢。

荷花羞红了尖，带给人们清新，放眼望去，山上朝你眨眼睛的，都是映山红，闭上眼，感受自己身处之境，这一切是多么的如诗如画啊。

你看，秋的扮相恬静端庄，是收获满仓的沉醉和富足，是秋水倒映着枯叶影子的清淡，是夕阳西下笛声悠扬里少女的梦想。

果实沉甸甸地挂在树梢，给人们报喜，是秋天的记号。大雁南飞，别怕，它们明年还会再来的。农田里，洋溢着农民的欢笑，小麦金灿灿的，跟金子一样。可能是秋姑娘嫌记号太少了吧，她让花儿凋零，草儿枯萎，别担心，他们只是太累，睡着了，等明年，它还会生长出来的。

你听，冬的呼吸绵长而深沉，是一抹暖阳下的安然沉睡，是一片卧雪埋藏的生机和精神。

雪纷纷扬扬地落下，像鹅毛，像棉花，花草们，盖上棉被吧，别让寒冷的冬天，冻坏了身体！

你的身边是否是银白色的世界？你是否同花草们一样穿上了棉衣？冬是美好的，它预示着新年的到来，快珍惜冬天吧!

  让春灿烂，让夏多姿，让秋辉煌，让冬苏醒！我们走过了春的旖旎，迎来了夏的蓬勃，沉醉于秋的成熟，踏寻着冬的冰洁，人生啊，就像这变幻无常的四季一样，时时变幻着不同的美丽风景。

爱臭美的表姐

吴 杭

在我的印象中,表姐是一个爱臭美的人。她的头发不管长短,不管春夏秋冬,都留着快要盖住眼睛的齐刘海。她经常戴着一副墨镜,挎着一个时髦的包包。

出去逛街之前她都要好好打扮一番。眼线画得很浓,加上她的睫毛又长又翘,让人看着像猫女。妆罢,她还总拿着小镜子边走边对镜子中的自己眨眼。不过她完全有资本自恋,因为她左看右看都是一个美人胚子。

去跟男友约会时,她总喜欢在咖啡厅的墙面上照了又照,见到男友眼镜片会反光,也要照一照,否则她心里像蚂蚁在咬一样难受。

跟人说话时,她总会不自觉地靠在某样物品上。如果遇上冬天留长发时,她总喜欢甩甩头发,把头发放到后面。遇上熟悉的小孩儿,她总爱朝那些孩子笑,跑上去跟他们打招呼，捏捏他们的脸，然后从包包里拿出几颗糖给他们。她对比自己小十岁以下的孩子都会用这种方式来打招呼，比如对我。有时前面的刘海儿歪了，姐姐用手指一挑，刘海儿又回到了原来的位置。上班间隙，她又会拿出随身带的唇彩和小镜子，把掉了的妆补上。

有时我心里会冒出一个念头。姐姐如果生了一个小宝宝，会不会是个小帅哥或小美女。等她（他）长大了会不会也像姐姐一样那么爱臭美啊？

姐姐喜欢唱歌，有空就跑去练歌房点几首歌，虽然我没去过，但我想：姐姐唱歌时手一定在挑刘海儿，在停顿的地方甩一下头发。一想到这儿我就咯咯笑不停。

这就是我爱臭美的姐姐。

牵起左手

刘 圆

我父亲兄弟姐妹共四个,父亲是家中的老小,所以,打我记事以来,爷爷奶奶已年近古稀了。父亲一年只回几次家,待的时间加起来连半个月都没有,爷爷能够认识我是谁,就足以让我开心好半天。老年痴呆症夺去的,不仅仅是爷爷对孙女的疼爱,也造成孙女只知道父母的爱,却拼凑不完整"疼爱"这两个字的遗憾。

我大姨家住的是平房,青砖小瓦,还用水泥抹平墙。对门的方奶奶老两口住的则稍微差了一点儿——红砖小瓦。风吹雨打让这小房子的墙壁有了不少的印记。推开大姨家的红漆大铁门,正对面就是方奶奶家那两扇青灰色的小铁门。说它是门也确实有些恭维它了,门那么小,根本挡不严实,底下的缝,高得连一只猫都能昂着头进去。于是,小时候我经常趴在地上,看方奶奶家的小院,若是夏天，就可以看到蜂儿拖着圆滚滚的肚子摇摇晃晃地飞进去。

这时，小铁门经常会"吱呀"一声打开。方奶奶提着小篮子要去买菜。她似乎早已对我的"偷窥"见怪不怪，却又每次瞪大小眼睛，笑着说："乖丫头，快起来！地上凉！"一边说一边将我扶起来，弯腰为我拍拍身上的灰，拉着我的手出去赶集。记忆中，她总是拉着我的左手。记忆中，她的腰从来就没有直过，我总以为她是为我弯腰，所以每当这时我总是立刻把腰挺得直直的。再大一点儿时，大到我已高过方奶奶时，我便笑眯眯地和奶奶一同弯腰。

究竟是为什么我会那么喜欢方奶奶家呢？如今细细回想起来，是因为那里有嗡嗡作响的蜜蜂吗？是因为那里有甜甜的蜂蜜吗？还是因为那里有葡萄藤，而我贪恋葡萄藤下的阴凉呢？我也说不清楚。总之，每次我去方奶奶家都会受到真诚的欢迎。从他们的眼里、笑里，我能感觉到一种朴实的情感，像乡村的风一样自然。

方奶奶总是拉着我的左手，以至于到现在我总是喜欢站在人的右边，拉着别人的右手。它已成了我下意识的动作，成了我寻求力量寻求肯定的行为。而对于老人，我也总是毕恭毕敬，因为岁月在他们的面容上留下的不只是岁月，还有令我敬畏的神秘。

与方奶奶相偎相依白首一生的方爷爷在某一天平静地

离开了人世。后来,那片承载我童年岁月的平房被一栋一栋推倒了,那一片废墟将成为漂亮时尚的小区,方奶奶也搬去与她的孙子一起生活了。当我知道这一切后,气喘吁吁地奔到方奶奶家时已是黄昏。房子没有了,葡萄藤没有了,连嗡嗡作响的蜂儿也没有了,只剩下那一堵斑驳的红砖小墙瑟缩在那里,我想重新趴在地上看方奶奶家院子里的情况,但是,小铁门也已经倒了。于是,我爬上墙头,面对夕阳,坐在红砖小墙上,耳边响起了方奶奶那一声声慈祥的"乖丫头"。我抬起头,眯着眼睛,张开双手,微风从指尖划过,依稀感觉有人牵起了我的左手。

"钓"蚂蚁

李迎港

今天中午,我和小伙伴郑重去学校操场边玩,我们在操场最北边玩的时候发现了蚂蚁窝。我俩蹲在一个蚂蚁窝边,郑重用一根干草茎做"垂钓"工具,把干草小心翼翼地伸到蚂蚁窝里,好像一只大猩猩正在引蚂蚁出来一样,我笑得前仰后合。

不一会儿,草茎上就爬满了蚂蚁,我发现那些蚂蚁身子呈红褐色,只有头和尾是黑色的,它们的爬行速度比平常见到的小黑蚂蚁快许多,身长足有小黑蚂蚁的两倍。郑重把钓到的蚂蚁放到随身携带的玻璃瓶子里。我俩转移到另一个蚂蚁窝边时,把几只蚂蚁从瓶子里放出来,结果发现,原在洞边的蚂蚁把几只新放进来的蚂蚁视为入侵者一样团团围起来,然后赶到洞里,似乎把新的蚂蚁吃掉了,真是悲惨。

蚂蚁洞周围有许多小草,它们往往几根长在一起,在小草的中间还有几个蚂蚁洞,我俩又用干草捅蚂蚁洞,发现那只是几个空蚂蚁洞。此时,在操场西北角观看打篮球的人群发出喝彩声,我俩便起身向那边奔去。